Saqqara: la historia y legado de la antigua necrópolis egipcia cerca de Menfis

Por Charles River Editors

Traducido por Areaní Moros

Las ruinas en Saqqara

Introducción

Ruinas excavadas en Saqqara

Saqqara

Si en África surgieron los primeros seres humanos, Egipto probablemente dio origen a las primeras grandes civilizaciones, que continúan fascinando a las sociedades modernas alrededor del mundo casi 5.000 años más tarde. Desde la Biblioteca y el faro de Alejandría hasta la gran pirámide de Guiza, los antiguos egipcios produjeron varias maravillas del mundo, revolucionaron la arquitectura y la construcción, crearon algunos de los primeros sistemas de matemáticas y medicina del mundo y establecieron lenguaje y arte que se extendieron por todo el mundo conocido. Con líderes de fama mundial, como Tutankamón y Cleopatra, no sorprende que el mundo de hoy tenga tantos egiptólogos.

Lo que hace que los logros de los antiguos egipcios sean tanto más notables es que Egipto fue históricamente un lugar de turbulencia política. Su posición lo hacía a la vez valioso y vulnerable ante tribus del Mediterráneo y el Medio Oriente, y el Antiguo Egipto no tenía escasez de sus propias guerras internas. Sus conquistadores más famosos vendrían de Europa; Alejandro Magno sentaría las bases para la línea helénica ptolemaica, y los romanos la extinguirían tras derrotar a Cleopatra y llevarla al suicidio.

Quizás el aspecto más intrigante de la antigua civilización egipcia fue su inicio desde cero, dado que los antiguos egipcios no tenían ninguna civilización anterior que pudieran usar como modelo. De hecho, el propio Antiguo Egipto se convirtió en un modelo para las civilizaciones que siguieron. Los griegos y los romanos estaban tan impresionados con la cultura egipcia que a menudo atribuían muchas cualidades de su propia cultura –por lo general erróneamente– a los egipcios. Dicho esto, algunos elementos menores de la cultura egipcia antigua fueron, en efecto, transmitidos a civilizaciones posteriores. La estatuaria egipcia parece haber tenido una influencia inicial en la versión griega, y la antigua lengua egipcia continuó durante mucho tiempo después del periodo faraónico, en forma de la lengua copta.

Si bien es posible que los egipcios no hayan transmitido su civilización directamente a pueblos posteriores, los elementos clave que componían la civilización egipcia –su religión, ideas tempranas de estado, su arte y arquitectura– pueden verse en otras civilizaciones premodernas. Por ejemplo, civilizaciones muy distantes en tiempo y espacio, como lo fueron China y Mesoamérica, poseían elementos clave que eran similares a los encontrados en el Antiguo Egipto. De hecho, dado que la civilización egipcia representó algunos conceptos humanos fundamentales, un estudio de su cultura puede resultar útil cuando se intenta comprender muchas otras culturas premodernas.

Las pirámides del Antiguo Egipto han capturado la imaginación del mundo durante siglos, y aunque la imagen que suele venir a la mente es de las magníficas pirámides en Guiza, hay muchos otros emplazamientos de pirámides en Egipto, y el de Saqqara es el más grande y antiguo. Fue el sitio de pirámides construidas por al menos once faraones, junto con pirámides subsidiarias para sus reinas. Además de tener el mayor número de pirámides de cualquier complejo piramidal en Egipto, Saqqara contiene cientos, si no miles, de tumbas más pequeñas.

Saqqara está ubicada a poco más de 15 km al sur de El Cairo en la ribera occidental del río Nilo, y se extiende unos 6 km en su eje norte-sur. El sitio generalmente se divide en las regiones de Saqqara-Norte y Saqqara-Sur (o norte y sur de Saqqara), ya que hay grupos de monumentos en cada extremo, pero también hay algunas características interesantes en la parte central. Si bien la pirámide escalonada de Zoser es, con mucho, el monumento más famoso del sitio, Saqqara es una rica red de pirámides, templos y tumbas que datan de la primera dinastía de Egipto hasta la época grecorromana, un impresionante lapso de más de 2.500 años. De hecho, los egiptólogos han descubierto solo una pequeña fracción de los restos.

Además de la pirámide escalonada, se han hecho varios otros descubrimientos importantes allí. El más significativo es el primer ejemplo de los llamados Textos de las Pirámides, encontrados en la pirámide de Unis. Las excavaciones han sido continuas desde hace más de 150 años, por lo que los dedicados egiptólogos todavía están descubriendo ricas tumbas, algunas de las cuales han permanecido intactas durante más de 2.000 años.

Todo el sitio fue nombrado Patrimonio de la Humanidad por la UNESCO, y está abierto a visitantes. Aunque no tan grandiosa como las pirámides de Guiza o tan imponente como el templo en Karnak, una visita a Saqqara bien vale la pena el viaje, no solo para encontrarse en el sitio de la primera pirámide de Egipto, sino también para explorar las numerosas y bien preservadas tumbas. Es una fácil excursión de un día desde El Cairo, y debería dedicarse un día completo a ello para poder apreciar completamente las tumbas, templos y pirámides que están abiertas al público. También hay un museo en el lugar que explica la historia de Saqqara y exhibe algunos de los artefactos allí encontrados.

Saqqara: la historia y legado de la antigua necrópolis egipcia cerca de Menfis examina la historia y las excavaciones en el lugar de enterramiento sagrado. En conjunto con imágenes que representan personas, lugares y eventos importantes, aprenderá sobre Saqqara como nunca antes.

Saqqara: la historia y legado de la antigua necrópolis egipcia cerca de Menfis

Nota

La datación absoluta de faraones individuales ha sido un tema de largo debate entre los egiptólogos, principalmente debido a la existencia de varias listas de reyes que varían en el número de años que le asignan a los reinados de cada gobernante.

El esquema básico proviene de Manetón, uno de los dos sacerdotes consejeros de Ptolomeo I (305-283 a. e. c.). La *Historia* de Manetón divide a los faraones en 30 dinastías nativas y ofrece el número de años que cada gobernante estuvo en el trono, pero no existe ninguna copia completa de la obra de Manetón.

Otras listas de reyes también son fragmentarias. La Piedra de Palermo, de la dinastía V (2498-2345 a. e. c.) es una lista bastante completa que comienza con los últimos reyes predinásticos, pero, lamentablemente, termina a mediados de la dinastía V. La Lista Real de Karnak llega hasta Tutmosis III (1504-1450 a. e. c.) y es especialmente útil en cuanto a que registra muchos de los gobernantes menores del Segundo Periodo Intermedio, cuando Egipto estuvo dividido en dos o más estados. La Lista Real de Abidos omite a estos reyes pero se extiende hasta el reinado de Seti I (1291-1278 a. e. c.). El Canon Real de Turín es un papiro, muy dañado, que data alrededor del 1200 a. e. c., y da la duración precisa del reinado de cada gobernante, a veces incluso hasta mes y día. Sin embargo, faltan muchas partes de la lista.

Descubrimientos de otros textos y la datación por radiocarbono han ayudado a refinar las fechas, pero todavía existen teorías en competencia con respecto a la cronología, y todas tienen tanto méritos como problemas. En aras de la consistencia, este trabajo utiliza la cronología establecida por el egiptólogo Peter A. Clayton en sus varias obras. Cabe señalar que, si bien la cronología de Clayton es popular, de ninguna manera es universalmente aceptada.

Comienzos legendarios

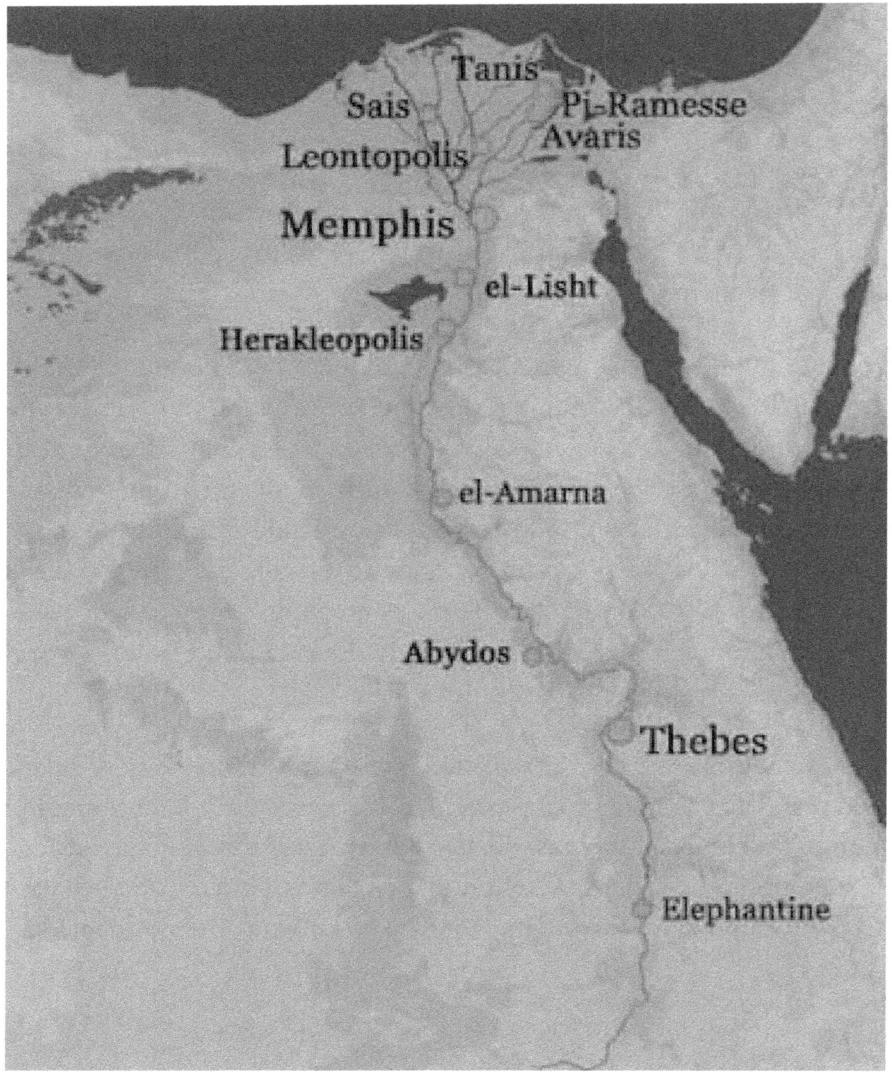

Mapa del Antiguo Egipto

Según la tradición, la ciudad del Antiguo Egipto conocida como Menfis fue fundada en el año 2925 a. e. c., por el faraón Narmer (Menes). Cuenta la leyenda que Narmer, que se cree fue el primer faraón de la primera dinastía de Egipto, estableció su capital en Menfis desviando el río Nilo con diques. A Narmer también se le atribuye ser el primero de los faraones egipcios en unificar Egipto bajo una única y centralizada monarquía. Un historiador egipcio del siglo III, se refirió a este faraón legendario como "Menes", pero el historiador griego del siglo V, Heródoto, dio su nombre como "Min", y en las listas de reyes nativos de la dinastía XIV del Antiguo Egipto, su nombre aparece como "Meni".

Una serie de excavaciones en Saqqara han encontrado que la primera, o más temprana, tumba real construida allí pertenecía al faraón Aha (llamado *Atotis* por Manetón), pero Manetón se refirió a Menes como siendo de la dinastía *tinita* –de la antigua capital de la primera y segunda dinastía, llamada *Tinis, o Tis*– y se han encontrado monumentos dedicados a los farones Narmer y Aha en Abidos, un cementerio real tinita. Además, los arqueólogos han desenterrado una paleta de pizarra que representa la imagen de Narmer luciendo las coronas roja y blanca del Alto y Bajo Egipto, lo que sugiere que fue Narmer el responsable de la unificación de Egipto.

Hoy en día los académicos han comenzado a especular que el faraón legendario que la tradición conoce como *Menes* era, de hecho, uno de los tres faraones arcaicos de Egipto: Horus Escorpión, Narmer, o Aha. Algunos han llegado a creer que el proceso de unificación tuvo lugar a lo largo de los reinados de varios faraones, y que Menes es simplemente una representación de todos los faraones que estuvieron involucrados. Según Manetón, sin embargo, el faraón Menes reinó durante 62 años completos antes de morir atacado por un hipopótamo.

Excavaciones en Saqqara

Aunque la identificación de Menes sigue siendo difícil, está claro que el ascenso al poder de la primera dinastía estuvo marcado por un repunte de la riqueza. Esto lo evidencia un aumento en fuentes materiales, como inscripciones en vasijas de piedra, etiquetas de marfil y madera, e impresiones de sellos. Estos hallazgos confirman que la primera dinastía impulsó cambios significativos en la administración del país, principalmente la expansión sin precedentes del poder del gobierno central. Las fuentes disponibles también dan testimonio de la construcción de palacios y la fundación de propiedades reales, así como el nombramiento de funcionarios gubernamentales de alto rango, bajo cuya supervisión se encontraban estos procesos.

La estatua de Menfis conocida como la "Cabeza verde de Berlín"

Inscripción del Periodo Tardío en la necrópolis de Saqqara, que representa al sacerdote de Ptah, *Ankh-ef-en-Sekhmet*, su esposa *Hathor-em-hat* y su hija, con el pelo rapado, arrodillada en el centro. Los tres son entretenidos por un arpista llamado Psamético-seneb, que "toca el arpa todos los días por el bien de sus espíritus". El nombre del arpista significa "que el rey Psamético esté sano".

No es de extrañar que a los faraones de la primera dinastía (~3000-2800 a. e. c.) les gustara hacer demostraciones de su poder absoluto, pero lo hicieron de formas inusuales. Durante este periodo, al parecer no era poco común que los sirvientes de la realeza y algunos miembros de la élite real fueran asesinados o enterrados vivos cuando se sellaba la tumba del faraón, pues se esperaba que continuaran sirviendo a su gobernante eternamente en el más allá.

Una etiqueta que data del reinado de Aha proporciona un registro de una campaña militar emprendida contra la tierra de Ta-Seti (Nubia). Dada la abundancia de vasijas de piedra de Siria-Palestina que pueden datarse en este periodo, los faraones de la primera dinastía también habían comenzado a participar en comercio extensivo con algunos de sus vecinos. A partir de estos artefactos e inscripciones de la época, es posible incluso determinar también los nombres de los primeros gobernantes de Egipto, entre el 3050 y el 2828 a. e. c.: Narmer, Aha, Dyer, Dyet, Den, Adyib, Semerjet, y Qaa.

Hay evidencia que sugiere que Menfis atravesó un periodo de agitación después del reinado de

33 años de Qaa. Dos faraones más de la primera dinastía posteriores a Qaa –Ba y Seneferka– están reflejados en algunas inscripciones (pero no todas) que datan de este periodo. Por otra parte, el nombre del primer faraón de la segunda dinastía de Egipto, Hetepsejemuy, se traduce a "los dos poderosos están en paz", lo que puede interpretarse en el sentido de que Hetepsejemuy reunió una vez más a las facciones enfrentadas del Alto y Bajo Egipto. El hecho de que varios nombres de faraones de la segunda dinastía se mencionen solamente en los registros del Alto o del Bajo Egipto también avala la idea de que Egipto estuvo otra vez dividido en dos reinos durante al menos parte de este periodo.

El registro arqueológico sugiere que la segunda dinastía tuvo entre siete y doce faraones – Hetepsejemuy, Nebra, Nynecher, Hudyefa, Peribsen, Sejemib Perenmaat y Jasejemuy[1]– y duró alrededor de 150 años, entre 2800-2650 a. e. c. El último faraón de la segunda dinastía, Jasejemuy, parece haber modelado su nombre según el de Hetepsejemuy, cuyo significado sugiere que Jasejemuy había vuelto a lograr reunir a un Egipto dividido, y el hecho de que el nombre de Jasejemuy fuera el primero desde el de Nynecher en ser encontrado en todo Egipto, parece afirmarlo.

También fue durante esta segunda dinastía que los faraones del Antiguo Egipto mudaron oficialmente su cementerio real, de Umm el-Qaab en el Egipto Medio, a Saqqara, cerca de Menfis. Los egiptólogos están seguros de que este cambio significativo en la tradición acarreó importantes consecuencias religiosas, políticas e históricas, pero la falta de trabajo arqueológico hace casi imposible determinar cuáles fueron exactamente dichas consecuencias. Dicho esto, la reubicación del cementerio real a principios de la segunda dinastía indica la creciente preminencia de Menfis durante lo que sería conocido como el Periodo Dinástico Temprano, o Periodo Arcaico.

En algún momento hacia el final del Periodo Arcaico, los gobernantes del Antiguo Egipto tomaron como residencia permanente una fortaleza llamada "Inebu-Hedy" (nomo de las "Murallas blancas"), llamado así por sus magníficas fortificaciones, pero la ciudad de Menfis en sí ha resultado casi imposible de excavar. Los restos de esta otrora vasta ciudad han quedado esparcidos, y el desarrollo urbano y el cultivo de los fértiles campos de la región impiden cualquier posibilidad real de realizar excavaciones extensas.

Es quizás testamento de la dificultad de las excavaciones menfitas, que las legendarias murallas blancas de la residencia real en Menfis no fueran desenterradas sino hasta el siglo XXI. En 2015, un equipo de arqueólogos rusos que trabajaban cerca de Saqqara se encontró con varios fragmentos de piedra caliza blanca, que creyeron formaban parte de las murallas de la antigua capital. Junto con estos fragmentos de caliza, el equipo también descubrió algunos artefactos de bronce y piedra bien conservados. Se espera que este increíble hallazgo arroje un poco de luz

---

[1] Debe tenerse en cuenta el elemento de confusión que existe en torno a estos nombres, pues no existe un consenso definitivo y cabe la posibilidad de que dos o más nombres se refieran en realidad a un mismo faraón.

sobre la historia de esta fascinantemente enigmática ciudad antigua.

Al final del Periodo Arcaico, la ciudad era conocida oficialmente como Menfis, uno de los muchos grandes cambios que tendrían lugar durante esa era. Para ese momento, Ptah era reconocido oficialmente como el dios que era patrono y protector de la ciudad real, así como el dios patrono de los artesanos. En algunos contextos, Ptah era también considerado el dios creador. De acuerdo con un documento llamado la "teología menfita", el dios Ptah creó a los humanos mediante el poder de su pensamiento, palabra y corazón. De hecho, la teología menfita introdujo el concepto de que el hombre fue formado en el corazón de un dios creador divino, y creado a través de su divina expresión. Este texto es único entre los textos cosmogónicos egipcios, y ofrece una relación abstracta del acto creador, donde todos los otros textos dan una analogía física. La teología menfita también es evidencia de la sofisticación filosófica de los sacerdotes menfitas.

Con la posible excepción de la residencia real, el gran Templo de Ptah en Menfis era la estructura más grande, prominente e importante dentro de la ciudad de Menfis. El Templo de Ptah, supuestamente también fundado por el grandioso Menes, ocupaba un gran distrito en el medio de la gran ciudad. Aunque restringido a todos excepto a faraones y sacerdotes, el gran Templo de Ptah era igualmente visto como uno de los principales lugares de adoración en el Antiguo Egipto, y algunos creen que era incluso más grande que el gran Templo de Amón en Karnak. De ser cierto eso, el Templo de Ptah habría sido el lugar de culto más grande jamás construido. Aunque un equipo de arqueólogos que trabajaba a principios del siglo XX desenterró una vez varias secciones del gran Templo en Ptah, dejaron expuestos los restos que descubrieron, y pronto se perdieron por las depredaciones de los aldeanos cercanos.

Las ruinas del templo

Una esfinge de Ramsés el Grande ubicada en el templo

Dado que excavar la propia ciudad de Menfis ha sido excesivamente difícil, la gran mayoría de la información sobre la era dorada de Menfis proviene de excavaciones de sus necrópolis reales cercanas. Resulta que la manera en que los gobernantes de Menfis en el Reino Antiguo se prepararon para su muerte, proporciona una abundancia de información sobre lo que estaba sucediendo mientras vivían. Esto es, por supuesto, una frustrante manera indirecta de ordenar las piezas de la historia de la grandiosa ciudad, pero no puede haber duda de que el rico legado arqueológico descubierto en los sitios de las necrópolis menfitas ofrece al menos algo de consuelo por el casi mudo registro de la Menfis "viviente".

Como tal, parte de la mejor evidencia del ascenso de Menfis a la preminencia proviene de las tumbas reales que fueron construidas en Saqqara por los faraones de la segunda dinastía. Es en Saqqara, por ejemplo, que los arqueólogos han descubierto dos conjuntos de cámaras y galerías subterráneas excavadas en la roca, que han sido asociadas con los faraones Hetepsejemuy y Nynecher. Cada uno de estos conjuntos subterráneos tenía una impresionante capacidad de almacenaje (4.000 metros cuadrados en el caso de Hetepsejemuy) para así asegurar que la tumba pudiera albergar toda la riqueza del faraón fallecido.

Estas tumbas de la segunda dinastía eran significativamente más intrincadas que sus contrapartes de la primera dinastía, las cuales habían consistido en poco más que una serie de fosos excavados en el suelo. En contraste, las tumbas de la segunda dinastía estaban compuestas por largos corredores subterráneos con muchos cuartos de almacenamiento a cada lado para garantizar que el faraón enterrado no se quedara sin ninguna de sus riquezas y tesoros en el más allá.

Inscripciones y arte encontrados en las tumbas de los faraones en Saqqara

La mitad occidental de Menfis está bastante cerca de Saqqara. Desde la ciudad, los egipcios podían caminar junto a un ahora desaparecido lago y subir por un largo *uadi*, o cauce seco, hasta la meseta de Saqqara. A un lado de este uadi se eleva un alto risco, y en el borde de éste hay una serie de tumbas de la dinastía I, llamadas *mastabas*. Una mastaba es una estructura rectangular, por lo general de unos pocos metros de altura. El término, de hecho, viene de la palabra árabe para "banco", porque se asemeja a los sólidos bancos rectangulares que los granjeros egipcios hacen afuera de las puertas de sus casas hasta el día de hoy.

Algunas de las mastabas más grandes en Saqqara tienen 150 metros de largo y 50 metros de ancho. Los exteriores tenían fachadas con nichos, hechas para parecer edificios. Este fue un estilo arquitectónico popular, con secciones alternas empotradas y salientes que hacían que las paredes lucieran como las almenas en la parte superior de los castillos medievales, pero colocadas de lado. Los paneles empotrados estaban pintados de amarillo para hacerlos parecer de madera, mientras que las caras delanteras, más anchas, tenían varios patrones que se asemejaban a esteras tejidas. Alrededor de algunas de las mastabas había cabezas de vaca hechas de arcilla y fijadas con cuernos reales

Los interiores de las mastabas pueden ser bastante complejos. Son generalmente una serie de habitaciones; las del centro, interconectadas, contienen el entierro, mientras que los cuartos más pequeños servían para almacenar los bienes usados en el más allá. Estos almacenes tendían a estar sellados entre sí y debían ser llenados antes de que se terminara la mastaba. Se supone que esto eran en parte para disuadir a los ladrones de tumbas pero, como con la gran mayoría de las tumbas egipcias antiguas, las mastabas fueron saqueadas en la Antigüedad.

Algunas mastabas tenían un túmulo abovedado sobre la cámara funeraria. Otra tenía un túmulo escalonado sobre dicha cámara, anticipando la posterior pirámide escalonada de Zoser. Algunas mastabas tenían escaleras descendentes que cortaban la roca madre bajo las mastabas y permitían más cámaras. Estas cámaras subterráneas se convertirían en un rasgo común en mastabas y pirámides posteriores.

Una mastaba

Durante mucho tiempo ha sido tema de debate si estas mastabas son las tumbas de la nobleza o de los faraones de la primera dinastía. Varias mastabas de Saqqara contienen sellos y otros artículos con los nombres de faraones y reinas, pero también contienen material similar con los nombres de nobles. En Abidos, la patria de la dinastía más antigua, hay una serie de tumbas de fosa con tumbas más pequeñas de sirvientes dispuestas a su alrededor. La mayoría de los eruditos ahora creen que las tumbas de fosa en Abidos son de hecho las tumbas reales de la dinastía I, mientras que las de Saqqara son para la nobleza, y los nombres reales encontrados dentro de las mastabas de Saqqara son en realidad los gobernantes de los fallecidos. Cualquiera que tuviera una tumba tan elaborada habría sido un miembro de la élite social, y habría tenido vínculos estrechos con el gobierno.

Los entierros reales y más entierros de nobles comenzaron a aparecer en Saqqara durante la dinastía II (2890-2686 a. e. c.). Una es la supuesta tumba de Hetepsejemuy (c. 2828-2800? a. e. c.), fundador de la dinastía II. No se sabe mucho acerca del faraón, ni siquiera la duración de su reinado, que la mayoría de los egiptólogos estima fue de unos 25 a 29 años. El nombre oficial de esta tumba es Galería-Tumba B y se encuentra debajo de la posterior necrópolis de Unis. Está asignada a Hetepsejemuy porque se encontraron muchas impresiones de sellos con su nombre en la larga y estrecha galería subterránea. Por otro lado, también se encontraron allí varias impresiones de sellos del sucesor de Hetepsejemuy, Nebra, lo que llevó a algunos investigadores a afirmar que en realidad se trataba de la tumba de Nebra. En cualquier caso, es improbable que fuera utilizada para ambos hombres, dado que esa no fue una práctica normal en ningún momento en Egipto.

El sucesor de Nebra, Nynecher, cuyo reinado también carece de fechas precisas, definitivamente está enterrado en Saqqara. Tenía una gran tumba-galería bajo la necrópolis de Unis, con un tamaño de 106 x 94 metros. Al igual que la Tumba-Galería B, una rampa larga desciende a un laberinto de galerías y pasillos. Aunque había sido saqueada en la Antigüedad, la tumba todavía contenía grandes cantidades de cuchillos y jarras para vino y cerveza. Curiosamente, marcas en algunas de las jarras de vino muestran que habían sido reusadas de tumbas de finales de la dinastía I. también se encontraron botellas de alabastro, así como rastros de entierros intrusivos posteriores del Reino Nuevo. No era inusual que las tumbas se reutilizaran en periodos posteriores cuando la familia del dueño original había desaparecido.

El ultimo faraón de la dinastía II, Jasejemuy (¿-2686 a. e. c.), escogió ser enterrado en el sitio tradicional de Abidos, pero también construyó un gran recinto mortuorio en Saqqara. Llamado Gisr el-Mudir, media 650 por 350 metros. La pared de piedra caliza, aunque hecha toscamente, es impresionantemente gruesa, pues en realidad son dos paredes separadas por 15 metros, con el espacio intermedio relleno de grava, piedra triturada y arena. En su punto más alto se levanta hasta 5 metros, pero es posible que originalmente alcanzara el doble de esa altura.

Una de las pocas cosas que se saben sobre el reinado de Jasejemuy es que reprimió varias rebeliones para reafirmar la unidad de Egipto, que había caído en peligro. Por lo tanto, el hecho de que fuera enterrado en Abidos, en el Alto Egipto pero construido sustancialmente en Saqqara, en el Bajo Egipto, puede haber sido una manera simbólica de demostrar su dominio sobre las dos partes del país.

Los egiptólogos han discutido durante mucho tiempo sobre el propósito del recinto de Gisr el-Mudir, ya que no se han encontrado edificios en su interior. Existe cierta evidencia de un edificio pequeño en la esquina noroeste, donde se encontró una cantidad significativa de escombros, pero no está claro si estas ruinas databan de un periodo posterior o si eran siquiera las ruinas de un edificio. Algunos investigadores dicen que Gisr el-Mudir nunca se completó más allá de los muros, que sí parecen haber sido terminados, mientras que otros afirman que en el recinto se realizaban ceremonias al aire libre y nunca se pretendió construir edificios.

Para cuando la segunda dinastía llegó a su final, Saqqara estaba establecida como el centro de los enterramientos reales, y durante la dinastía siguiente, Saqqara se convirtió en el punto de partida para una nueva era de la historia egipcia, con el desarrollo de las primeras pirámides.

Zoser y la pirámide escalonada

Los gobernantes de la dinastía III (2686-2613 a. e. c.) expandieron enormemente su actividad en Saqqara. No está claro dónde fue enterrado el primer faraón de la dinastía, Sanajt (2686-2668 a. e. c.), pero el segundo rey de la dinastía, Zoser (2668-2649 a. e. c.), escogió Saqqara. Ambos gobernantes tuvieron reinados activos, sofocando rebeliones y expandiendo su territorio. Parece que Zoser avanzó tan al sur como Asuán y la Primera Catarata, que sería la frontera sur de Egipto durante los siglos venideros, aunque algunos gobernantes llegaron aún más al sur.

Saqqara ya estaba establecida como un cementerio para Menfis, pero Zoser y su arquitecto Imhotep la convertirían en algo mucho más grandioso. Decidieron construir la tumba en piedra en lugar de ladrillos de barro, y a una escala verdaderamente enorme. No había nada en la arquitectura egipcia previa que se acercara siquiera a su logro.

Los orígenes de las pirámides, incluidos su forma y diseños escogidos, se remontan a las historias mitológicas de los antiguos egipcios. Como cultura, los egipcios son conocidos por su obsesión con la muerte, por lo que resulta irónico que estas lujosas tumbas estuvieran en cambio inspiradas por una historia de creación: la historia del nacimiento[2]. En la mitología egipcia, el mundo se formó de las profundidades de un océano primigenio que era a la vez infinito y carente de vida, y estas aguas antiguas se separaron cuando salió el sol por primera vez. Este origen era algo a lo que los egipcios se referían como la "primera ocasión".

Las caóticas aguas del océano sin vida, una entidad que llamaron Nu, se separaron cuando surgió y se elevó de entre las olas un montículo en forma de pirámide. Esta forma, el *benben*, fue la primera parte de la Tierra, la primera señal de vida, surgiendo de las aguas. La imaginería mitológica de Egipto reflejaba, naturalmente, la realidad de su entorno, donde las aguas crecientes del Nilo inundaban la tierra sólo para retroceder de nuevo y dejar un suelo fértil con ricos lodos, listos para ser sembrados con cultivos, la fuente de la abundancia y vida de Egipto.[3]

---

[2] Rosenberg, Donna. 1986. *World Mythology* [Mitología mundial]. HARRAP, Gran Bretaña. pp 166-177.

Si bien la forma de la pirámide deriva de la mitología, los egipcios tenían varias razones para construirlas. Las pirámides servían propósitos religiosos y funerarios, a la vez que servían como estructuras que reforzaban el poder de los gobernantes, pero el proceso de construcción también tenía una valiosa función práctica. Egipto requería de una gran fuerza de trabajo para producir los alimentos necesarios para sustentar a su gente, pues los ricos suelos alrededor del Nilo debían sembrarse, cultivarse y cosecharse. Sin embargo, durante una temporada completa del año, el cinturón agrícola de Egipto se cubría de agua cuando el Nilo inundaba sus orillas, lo que llevaba a que una gran parte de la población quedara ociosa durante ese tiempo.

La construcción de monumentos era un método valioso para mantener activa a una población que de otra forma no lo estaría, y así garantizar el empleo para todos a lo largo de todo el año. Los agricultores en el Reino Antiguo que estaban desocupados y querían trabajar durante el periodo de inundación del Nilo, podían recibir un estipendio y evadir el pago de impuestos trabajando en proyectos de construcción de pirámides. Los ciudadanos egipcios sin nada en qué ocuparse mientras sus tierras cultivables estaban anegadas, podían pasar la temporada erigiendo monumentos eternos para su gobernante, y recibir vino y cerveza tres veces al día como parte de sus condiciones de trabajo.[4]

Dada la naturaleza difícil e indudablemente mortal de este trabajo, durante mucho tiempo se ha asumido que los egipcios no habrían recurrido a la construcción de las pirámides solo por su cuenta. Las imágenes de la cultura popular actual han mostrado representaciones erróneas de esclavos judíos recibiendo latigazos mientras empujan obedientemente enormes bloques de piedra arenisca sobre troncos de madera. Tal fue el caso en la película *Los Diez Mandamientos*[5], y la película animada *El Príncipe de Egipto*[6] incluso mostró andamios de madera en torno a la Esfinge.

En realidad, la madera era una mercancía rara en Egipto, importada y usada como un artículo de prestigio. Sudán proveía madera de ébano, de Siria se importaba pino y cedro[7], y del Líbano grandes maderos para la construcción naval[8]. La falta de madera en las regiones desérticas de Egipto, llevó al teórico "marginal" o *fringe*[9] Erich von Daniken a concluir que los extraterrestres

---

[3] Leeming, David Adams. 2010. *Creation Myths of the World* [Mitos cosmogónicos del mundo]. AB.C.-CLIO, Santa Barbaro. pp 102.

[4] Seawright, Caroline. 2013. *Egypt: The Nile Inundation* [Egipto: la inundación del Nilo]. Consultado el 4 de septiembre de 2013. http://www.touregypt.net/featurestories/nile.htm

[5] DeMille, Cecil B (director). 1956. *The Ten Commandments* [Los Diez Mandamientos]. Paramount Pictures, EE.UU.

[6] Chapman, Brenda; Hickner, Steve; Wells, Simon (directores). 1998. *The Prince of Egypt* [El Príncipe de Egipto]. Dreamworks Pictures, EE: UU.

[7] Gobierno de Egipto. 2013. *Egipto: Árboles en Egipto*. Consultado el 4 de septiembre de 2013. http://www.touregypt.net/featurestories/trees.htm

[8] Brier, Bob. 2007. *How to Build a Pyramid* [Cómo construir una pirámide]. En: Instituto Arqueológico de América. 2007. *Archaeology* Volumen 60 Número 3, Mayo/Junio 2007. Instituto Arqueológico de América, EE. UU.

[9] Las teorías *fringe*, o marginales, propuestas en el contexto de la ciencia *fringe* o marginal, son ideas o puntos de vista que difieren o se desvían del conocimiento aceptado en su campo.

deben haber estado detrás de la construcción de esos grandes edificios, una explicación que desde entonces ha tenido su propio impacto en la cultura popular a través de programas de televisión como *Doctor Who*[10], así como en franquicias del cine y la televisión, como *Stargate*.[11]

Daniken afirmó: "Los bloques de piedra utilizados para la construcción, fueron movidos sobre rodillos. En otras palabras, ¡rodillos de madera! Pero los egipcios apenas si podrían talar y convertir en rodillos los pocos árboles, principalmente palmeras, que crecían (y crecen) en Egipto, porque los dátiles de las palmeras se necesitaban con urgencia para comer, y los troncos y las frondas eran las únicas cosas que daban sombra a la tierra seca. Pero deben haber sido rodillos de madera, de lo contrario no habría ni la más débil explicación técnica de la construcción de las pirámides".[12]

El argumento central de von Danikel acerca de los logros del pasado es que los humanos no tenían la capacidad de alcanzar tales éxitos, y por lo tanto, no eran responsables de los grandes monumentos de la Antigüedad. Sugirió en cambio un pasado utópico en que viajeros del espacio, posiblemente nativos de Marte que buscaban escapar de la cambiante condición ambiental de su propio mundo, huyeron a la Tierra y trajeron consigo vastos conocimientos y tecnologías[13]. Von Daniken teorizó que "un grupo de gigantes marcianos tal vez escapó hacia la Tierra para fundar la nueva cultura de *Homo sapiens*, reproduciéndose con los seres semi inteligentes que allí vivían (…) gigantes que vienen de las estrellas, que podían mover enormes bloques de piedra, que le enseñaron a los hombres artes aún desconocidas en la Tierra, y que finalmente se extinguieron".[14]

Sin embargo, la arqueología experimental ha surgido como una profesión para intentar descubrir la viabilidad de este tipo de proyectos de construcción, mediante el uso de enfoques reconstructivos que utilizan las condiciones de construcción y experiencias conocidas del pasado. Experimentos arqueológicos descubrieron que, si bien la madera escaseaba, una cosa que Egipto tenía en abundancia durante la época de inundación del Nilo, era lodo. Al utilizar ladrillos de barro para dar forma a rampas de barro, era posible empujar y arrastrar bloques de arenisca a lo largo de la superficie resbaladiza de las rampas húmedas.

Tales experimentos se han usado incluso para estimar los tiempos de construcción para las pirámides. Aunque no comprueban de forma contundente los métodos del pasado, ciertamente demuestran las posibilidades que podrían haber usado los antiguos constructores y artesanos egipcios[15]. Otra teoría es que el proceso de construcción se dividía entre una rampa interna y una

---

[10] Russell, Paddy (director). 1975. *Doctor Who: Pyramids of Mars* [Pirámides de Marte]. BBC, Reino Unido.

[11] Emmerich, Roland (director). 1994. *Stargate*. Canal, EE. UU.

[12] von Daniken, Erich. 1972. *Chariots of the Gods? Was God an Astronaut?* [¿Carruajes de los dioses? ¿Era Dios un astronauta?] Gorgi, Gran Bretaña. p 97.

[13] Ídem, p 99.

[14] von Daniken, Erich. 1972. *Chariots of the Gods? Was God an Astronaut?* [¿Carruajes de los dioses? ¿Era Dios un astronauta?] Gorgi, Gran Bretaña. p 155.

[15] Lehner, Mark. 1997. *The Complete Pyramids* [Las pirámides completas]. Thames and Hudson, Eslovenia.

externa. Mientras se retiraba la rampa exterior, la interior se convertía en parte de la estructura de la pirámide.[16]

La tradición de la construcción de pirámides fue de larga data en el Antiguo Egipto, durante cientos de años, con el desarrollo y mejora de técnicas que solo se olvidarían y perderían nuevamente. Como resultado, aun cuando las generaciones posteriores contribuyeron con nuevos programas de construcción a gran escala que cambiaron la faz de Egipto, lo hicieron de maneras bastante diferentes. La primera de estas fue la "pirámide escalonada", ubicada al noroeste de la ciudad de Menfis, en la necrópolis egipcia de Saqqara. Hoy se le conoce como la "pirámide escalonada de Zoser" debido, precisamente, a su apariencia escalonada, pero en la época antigua se la conocía como *kbhw-ntrw*. Hecha por encargo del faraón Zoser (o Djoser/Dyeser) para su tumba o cenotafio, su diseño y construcción fueron supervisados por su visir, Imhotep.

Desde entonces el nombre Imhotep ha quedado asociado a la pirámide, pero en épocas recientes se ha vuelto parte de la cultura popular gracias a la famosa serie de películas de *La Momia*, donde los restos momificados de Imhotep son reanimados mediante el poder de una antigua maldición, lo que lleva a que el monstruoso muerto viviente, en descomposición y envuelto en lino, aceche y atormente a los desventurados buscadores de tesoros que se atrevieron a perturbar su lugar de descanso[17]. En la realidad, el antiguo Imhotep fue un talentoso arquitecto y constructor que creó con éxito algo nunca antes visto. Fue un diseño que se repetiría a menudo, incluso se mejoraría, y dio origen a una antigua industria dedicada a la vida de ultratumba y que dejaría una marca indeleble en la vida egipcia, así como en la muerte.

---

[16] Brier, Bob. 2007. How to Build a Pyramid [Cómo construir una pirámide]. En: Instituto Arqueológico de América. *Archaeology,* Volumen 60 Número 3, Mayo/Junio 2007. Instituto Arqueológico de América, EE. UU.
[17] Sommers, Stephen. 1999. *The Mummy* [La Momia]. Universal Pictures, EE. UU.

La pirámide escalonada, también conocida como la pirámide de Zoser

**Un relieve dentro de la tumba de la pirámide escalonada
que muestra a Zoser frente al templo de Horus
Foto por Juan R. Lazaro**

Imhotep desempeñó una serie de roles a lo largo de su vida. Era el sumo sacerdote de un antiguo culto egipcio al sol, el principal consejero del faraón, un escultor y arquitecto consumado. Mejoró el ya existente diseño fúnebre de la mastaba, al construir mastabas en tamaño decreciente una sobre la otra. Cuando terminó, había producido una escalera al cielo, sobre la que el faraón Zoser podría ascender a la siguiente vida.[18]

La pirámide escalonada de Zoser se elaboró utilizando una construcción de piedra cortada, con grandes escalones en tamaño decreciente a medida que aumentaba su altura, y originalmente la pirámide alcanzaba una altura total de unos 60 m. Aunque actualmente aparece en los colores naturales de los desgastados materiales usados en su construcción, la pirámide estaba revestida

---

[18] Time Life Books. 1987. *The Age of God-Kings* [La era de los reyes dioses]. Time Life Books Inc, Ámsterdam. p 60.

de piedra caliza pulida a un blanco brillante, y así, resplandecía como un faro bajo la luz deslumbrante del sol egipcio. A su alrededor se construyó un complejo mortuorio con varias estructuras decoradas, para ceremonias y rituales religiosos.[19]

Templos cerca de la pirámide escalonada

Si bien ahora luce vieja y ha sido superada por las pirámides posteriores, es importante recordar que, en su momento, la pirámide escalonada fue completamente novedosa, algo diferente a todo lo que los egipcios habían visto. La pirámide era radicalmente diferente de la arquitectura preexistente en Egipto, como también lo eran las técnicas que se usaron para construirla. Aunque se habían utilizado anteriormente ladrillos de barro en las prácticas de construcción, este edificio de piedra cortada requería mucho más trabajo pesado. También demostraría tener como resultado una longevidad mucho mayor. Durante siglos, la pirámide escalonada de Zoser dominó el paisaje en el que estaba situada, debido no solo a su imponente tamaño, sino también al brillante exterior que la hacía resaltar aún más.

Se desconoce la fecha exacta de su construcción, pero fue en algún momento durante el reinado del faraón Zoser, quien se estima que reinó durante aproximadamente diecinueve años, entre 2667 y 2648 a. e. c. "Zoser" es el nombre moderno que se le atribuye a este faraón, así

---

[19] Time Life Books. 1987. *The Age of God-Kings* [La era de los reyes dioses]. Time Life Books Inc, Ámsterdam, pp 62-63.

como la "pirámide escalonada" fue nombrada mucho tiempo después del hecho. En su tumba, también se le menciona por su nombre de Horus, *Necherjet*[20]. Zoser, gobernante durante la tercera dinastía de Egipto, buscó alinearse con la eternidad mediante la construcción de esta estructura. Su ambicioso plan de un monumento para conmemorar su entierro, realizado de manera tan experta por su asesor y arquitecto Imhotep, preparó el escenario para la tradición de construcción de pirámides que siguió.

La bóveda funeraria de Zoser estaba hecha de granito vestido colocado en cuatro hileras, pero la tumba fue robada todavía en la Antigüedad, y por consiguiente el cuerpo había sido removido mucho tiempo antes de que la tumba se excavara en la época moderna. Impertérrito, el arquitecto francés Jean-Phillipe Lauer decidió no solo excavar el área sino también reconstruir porciones clave del complejo de 15 hectáreas de extensión que rodeaba a la pirámide escalonada.[21]

---

[20] Wilkinson, Toby. 2000. Royal Annals of Ancient Egypt [Anales reales del Antiguo Egipto]. Routledge, EE.UU. pp 79 y 258.

[21] Lauer, Jean-Phillipe. 1961. *The Pyramids of Sakkarah (Les Pyramides De Sakkarah)* [Las pirámides de Saqqara]. Imprimerie De L'Institut Graphique Egyptien, Francia.

Corredor reconstruido que conduce a la entrada de la pirámide escalonada

Zoser y la construcción de la pirámide escalonada

Zoser parece haberse inspirado en el Gisr e-Mudir para hacer un gran recinto funerario alrededor de su pirámide. Esto se convertiría en una práctica estándar, aunque no universal, para pirámides posteriores.

La pirámide escalonada no es una verdadera pirámide, puesto que no tiene una base cuadrada. En cambio, es rectangular, como las mastabas de las que evolucionó. Su base mide 121 por 109 metros y se eleva en seis escalones hasta 60 metros de altura. El análisis extenso de la construcción muestra que originalmente se comenzó como una gran mastaba, y luego Imhotep y

Zoser cambiaron de opinión y colocaron una serie de mastabas más pequeñas encima de la original para convertirla en una pirámide escalonada. Incluso eso no los satisfizo, y luego expandieron la pirámide para hacerla más ancha y alta.

La subestructura debajo de la pirámide escalonada es muy compleja, más que la mayoría de las pirámides posteriores. Una serie de escaleras, cámaras y pasillos rodean una gran cámara funeraria. Debido a la debilidad estructural, esta red subterránea no se ha explorado completamente. Los pasillos se extienden como dedos en torno a la cámara funeraria principal y no tienen salida. Estos estaban, indudablemente, llenos con ajuar funerario, y tienen poca o ninguna decoración, excepto por una sección con incrustaciones de azulejos de loza tipo "fayenza egipcia" de color azul, que presentan tres puertas falsas con representaciones de Zoser. Los estudiosos creen que esta parte fue hecha para representar el palacio del rey. Sin embargo, los constructores la dejaron inconclusa, con una pared aún en bruto y parte de la decoración mostrando signos de haber sido colocada con prisa.

A la bóveda funeraria se accede por un agujero a manera de túnel vertical de 7 m cuadrados y 28 m de profundidad. Está un poco alejado del centro de la pirámide escalonada completada, y solo alcanza la parte superior de la mastaba inicial. Cuando se decidió expandir la mastaba a una pirámide, este pozo se rellenó y se talló una larga escalera en el lado de la pirámide. Esta entrada también quedó bloqueada cuando los constructores decidieron hacer la pirámide aún más grande, y hubo que cortar un tercer y final acceso mediante una trinchera hacia el norte.

La bóveda funeraria en sí también cambió con el tiempo. Originalmente tenía paredes de alabastro y un piso de diorita o esquisto. El techo estaba hecho de bloques de caliza con estrellas de cinco puntas talladas en bajorrelieve. Este es el primer ejemplo de un techo estrellado en una tumba egipcia, con la idea de que el espíritu podía volar hacia el universo. Estas piedras luego se trasladaron a lugares cercanos cuando se rehízo la bóveda funeraria.

El diseño final de la bóveda funeraria mide 2,96 x 1,65 metros, 1,65 m de altura y está hecha de granito. El techo es una serie de bloques rectangulares de piedra de granito, con un tapón de granito en un extremo que medía un metro de diámetro, dos metros de altura y pesaba 3,5 toneladas. El tapón bloqueaba un agujero en el techo mediante el cual debió haber sido trasladado el cuerpo al interior de su lugar de descanso final. Una vez logrado esto, se tapó el agujero y toda la vía de acceso se rellenó con piedras. Todo esto fue en vano; la tumba fue completamente saqueada y los restos mortales de Zoser han desaparecido.

En el borde oriental de la mastaba original hay once huecos o pozos verticales que contienen algunos restos humanos, así como unos 40.000 recipientes, más que todo platos y copas hechos de fino alabastro. Algunos llevaban nombres, pero no de Zoser. Los restos de una mujer se han datado por radiocarbono y resultaron ser varias generaciones más antiguos que Zoser. Algunos académicos teorizan que se desvalijaron tumbas anteriores y sus contenidos fueron movidos allí para que Zoser pudiera disfrutar su descanso eterno con sus ancestros.

Un extenso complejo mortuorio rodea la pirámide escalonada, lo que estableció una tradición que continuaría para todas las pirámides posteriores, y a pesar de ser el primero, también es uno de los complejos mortuorios más elaborados, de cualquier gobernante egipcio. Todo el complejo está rodeado por un muro de piedra caliza, de 10,5 metros de altura y con nichos. El muro se extiende 1.645 metros para encerrar un área rectangular de 15 hectáreas, y estaba rodeado por un foso (aunque este nombre es un poco engañoso, ya que no estaba lleno de agua). La entrada estaba en el muro oriental.

Buena parte del recinto al sur de la pirámide escalonada está ocupada por un gran patio rodeado de varios edificios, algunos de los cuales eran funcionales y otros eran edificios falsos. Los primeros habrían sido donde tenían lugar los diversos rituales, mientras que los falsos edificios eran para el uso del *ka*, o fuerza vital, de Zoser. La porción sureste del recinto tiene un patio angosto destinado al Heb Sed, o Fiesta de la renovación real, el festival del jubileo del rey, que incluía rituales para asegurar su renovación física y sobrenatural. Su aparición aquí era aparentemente para demostrar que Zoser seguía siendo fuerte y apto para gobernar, incluso después de su muerte.

Los edificios que flanquean este patio son capillas falsas y son versiones en piedra de edificios de estilo anterior que habían sido hechos de madera y cañas. Los que están al este tienen los pilares delgados y techos abovedados del santuario canónico del Bajo Egipto, y los que están al oeste se asemejan a los santuarios más pesados del Alto Egipto. Los jeroglíficos de ambos santuarios guardan gran parecido con los edificios reales, y juntos simbolizan el derecho perpetuo de Zoser de gobernar a un Egipto unificado.

A lo largo del borde sur del recinto está la Tumba Sur, un enigmático complejo subterráneo. Es similar a la subestructura de la propia pirámide escalonada, en el sentido de que hay una larga escalera descendente, un pozo central que conduce a la cámara funeraria, y una versión a menor escala de la red de túneles. Un túnel incluso está decorado como el palacio del rey, justo como el que está debajo de la pirámide escalonada. En una de las puertas falsas en esta sección hay un bajorrelieve de Zoser corriendo –como parte de la prueba de su buena forma y aptitud en el Heb Sed– mientras sostiene un contrato de propiedad de todo Egipto. Aproximadamente a mitad de la escalera hay un pasillo lateral lleno de jarras y tarros. Sobre ellos yacen los restos de una camilla o bastidor, cajón y postes de madera similares a los usados para transportar estatuas.

La cámara funeraria es demasiado pequeña para un cuerpo y un sarcófago, pues tiene solo 1,6 metros cuadrados y 1,3 de altura, pero de resto es parecida a la cámara funeraria verdadera, hasta el tapón de granito en el techo. El interior está teñido de verde por un revestimiento de cobre que desde entonces ha desaparecido.

No se halló nada dentro, y existen varias teorías en cuanto al propósito de la Tumba Sur. Algunos creen que era para el *ka*, mientras que otros teorizan que la bóveda funeraria alguna vez contuvo las coronas reales, o quizá los órganos internos de Zoser. De ser para el *ka*, entonces fue precursora de las pirámides de culto encontradas en complejos mortuorios posteriores.

Más allá del Patio de Heb-Sed se encuentran la Casa del Sur y la Casa del Norte, que representan los santuarios tradicionales en Hieracómpolis y Buto. La Casa del Sur (Alto Egipto) tiene pilares con capiteles en forma de azucenas, uno de los símbolos de la región, y la casa del Norte (Bajo Egipto) tiene pilares con capiteles en forma de papiro. Estos, al igual que las capillas alrededor del Patio de Heb-Sed, eran edificios falsos en los que no se realizaba ningún ritual religioso.

El templo mortuorio fue construido frente a la cara norte de la pirámide escalonada. En pirámides posteriores, sería movido al este. Todo el proyecto de construcción fue responsabilidad de Imhotep, y su obra fue tan celebrada que sería venerado por generaciones posteriores y elevado a la categoría de dios. Su culto floreció en Saqqara durante siglos.

Zoser fue el primer faraón egipcio en asumir cualquier tipo de proyecto de construcción monumental, y mucho menos un proyecto de tal naturaleza y alcance sin precedentes, por lo que los problemas logísticos que habrían surgido en un proyecto así habrían sido igualmente sin precedentes. Súbitamente, materiales, suministros y hombres tuvieron que ser transportados a Saqqara desde todo Egipto, y una vez allí, los miles de hombres que se habrían necesitado para trabajar en un proyecto tan grande requerían no solo comida y alojamiento, sino también entrenamiento, ya que muchos no tenían ningún tipo de experiencia trabajando con el material que Zoser quería que usaran. Así, casi de la noche a la mañana, Egipto vio la creación de una clase de hombre cuyo único propósito era ser capaz de manejar problemas tan grandes y complicados. Estos hombres habrían podido aplicar el mismo tipo de conocimiento gerencial a otros proyectos de escala similar, como organizar una gran expedición comercial o planificar la invasión de una nación extranjera.

Los beneficios políticos de un proyecto de construcción tan monumental no pueden exagerarse. Una vez finalizado, el complejo piramidal de Zoser fue, por supuesto, una efectiva pieza de propaganda, que atestigua la pétrea permanencia del gobierno central sobre un Alto y Bajo Egipto unidos. Al mismo tiempo, fue de hecho el proceso mismo de construcción del monumento lo que realmente solidificó ese mensaje. Pocas cosas son más amenazantes para una ya precaria situación política que manos ociosas, y Zoser seguramente habría reconocido el peligro potencial de tener cientos de miles de agricultores con bastante tiempo libre en sus manos mientras el Nilo estaba en su periodo de inundación anual.

Ocupar el trabajo de estos hombres en un proyecto piramidal garantizaba que estarían demasiado ocupados para tener tiempo de embrollarse en cosas como la agitación política. Además, puso a hombres de todo Egipto en la nómina gubernamental, asegurando así que toda la nación fuera igualmente dependiente del gobierno central. El gobierno central sabía que mientras la industria de la construcción de pirámides tuviera éxito, no tendría que preocuparse más por la amenaza de disturbios civiles.

Otros monumentos del Reino Antiguo

El paisaje de Egipto fue alterado para siempre por el diseño de la pirámide escalonada, y los gobernantes que siguieron a Zoser estaban ávidos por estampar su propio sello, al proceder con ejemplos similares de arquitectura monumental. El siguiente intento ocurrió durante el reinado del faraón Sejemjet (Dyeser Teti), quien fue el segundo gobernante de la tercera dinastía. Sejemjet fue el sucesor directo de Zoser y se ha estimado que gobernó Egipto durante aproximadamente seis años, y su propia pirámide se construyó alrededor del 2645 a. e. c.[22]

La pirámide de Sejemjet tenía un gran diseño, ubicada al suroeste de la pirámide escalonada de Zoser. Todo sobre su diseño sugiere que el monumento fue concebido con base en el ejemplo de la primera pirámide, para superarlo tanto en escala como en estilo. Desafortunadamente, la pirámide de Sejemjet nunca llegó a completarse, debido, posiblemente, a que su periodo de reinado fue más corto que el de Zoser. Lejos de empequeñecer a la pirámide escalonada, la obra maestra inconclusa apenas progresó por encima del nivel del suelo, lo que le ganó un sobrenombre menos que halagador en los años siguientes: la pirámide enterrada. El hecho de que la "pirámide enterrada", literalmente lo estuviera, significó que no fue descubierta hasta mediados del siglo XX.

La pirámide inconclusa de Sejemjet

---

[22] Gardiner, Alan H. 1997. *The Royal Canon of Turin* [El Canon Real de Turín]. Griffith Institute, Oxford, Reino Unido.

La pirámide enterrada pasó desapercibida hasta 1951, cuando el egiptólogo Zakaria Goneim divisó una elevación rectangular en el suelo a pocos cientos de metros al suroeste de la pirámide escalonada. Las irregularidades en el terreno a menudo indican que hay una característica arqueológica debajo, y quien visite cualquiera de los grandes sitios egipcios verá varios montículos y colinas intrigantes. El problema es que, hasta que se excaven, es difícil saber si son características de interés o escombros de excavaciones anteriores, y algunas veces simples dunas de arena pueden parecer, irritantemente, características arqueológicas, hasta que alguien comienza a excavarlas. Otro problema es que sitios como Saqqara son tan vastos que muchas posibles características nunca han sido investigadas por falta de tiempo y mano de obra.

Lo que Goneim encontró al excavar fue la base de una pirámide escalonada que solo había sido completada hasta su primer nivel. La pirámide mide 120 m en sus lados, y los cálculos extrapolados de la base existente indican que habría tenido 70 metros de altura con siete escalones si estuviera terminada, lo que la haría más alta que la pirámide de Zoser. Lamentablemente, terminó alcanzando solo los 7 metros. La pirámide estaba rodeada por un muro de cerramiento de 5,18 m de alto y 18,28 m de espesor. El muro del recinto abarcaba un área grande, que medía 518 m en el eje norte-sur y 182,8 m en el eje este-oeste

El muro del recinto tenía muchos nichos y puertas falsas, y en un lugar está inscrito el nombre de Imhotep. Esto insinúa que el mismo arquitecto que construyó la pirámide escalonada de Zoser podría haber trabajado en esta. Imhotep tal vez haya querido superarse a sí mismo.

En el lado norte de la pirámide inconclusa hay un pasillo descendente que lleva a la tumba bajo la pirámide. Esta se había completado y se había utilizado, así que parece que la construcción de la pirámide se detuvo cuando murió el faraón, un destino que le sucedió a muchas pirámides y tumbas. La tumba fue saqueada principalmente en la Antigüedad, pero han quedado atrás numerosos artefactos, que incluyen papiros, recipientes de piedra, y huesos de ofrendas de animales. Los ladrones de tumbas tampoco se percataron de un cofre de madera lleno de joyas de oro, estuches cosméticos, cuentas y varios frascos con el nombre del faraón en ellos.

Detrás de una pared bloqueada había una cámara sin decoración, con un gran sarcófago de alabastro sellado con mortero. Desafortunadamente, el sarcófago resultó estar vacío. Goneim fue claro en su informe de que el sarcófago no había sido violentado, por lo que es un misterio por qué estaba vacío.

También hay un inusual pasillo subterráneo en forma de U que va alrededor del lado norte de la pirámide, pero por debajo de ella, y llega hasta poco más de la mitad de los lados este y oeste. Contiene una hilera de 136 galerías inacabadas. Se desconoce si éstas contendrían estatuas, entierros o tesoros, pero parece que nunca se llenaron.

En 1963, se descubrió una segunda tumba al sur de la primera, parecida a la Tumba Sur del complejo mortuorio de Zoser. En ella había un ataúd de madera con los restos de un niño o niña de dos años y algunos fragmentos de pan de oro. Este niño era quizás el hijo o hija de Sejemjet. No podría ser del propio Sejemjet, pues él reinó durante seis años y un relieve en el Sinaí lo muestra como un adulto.

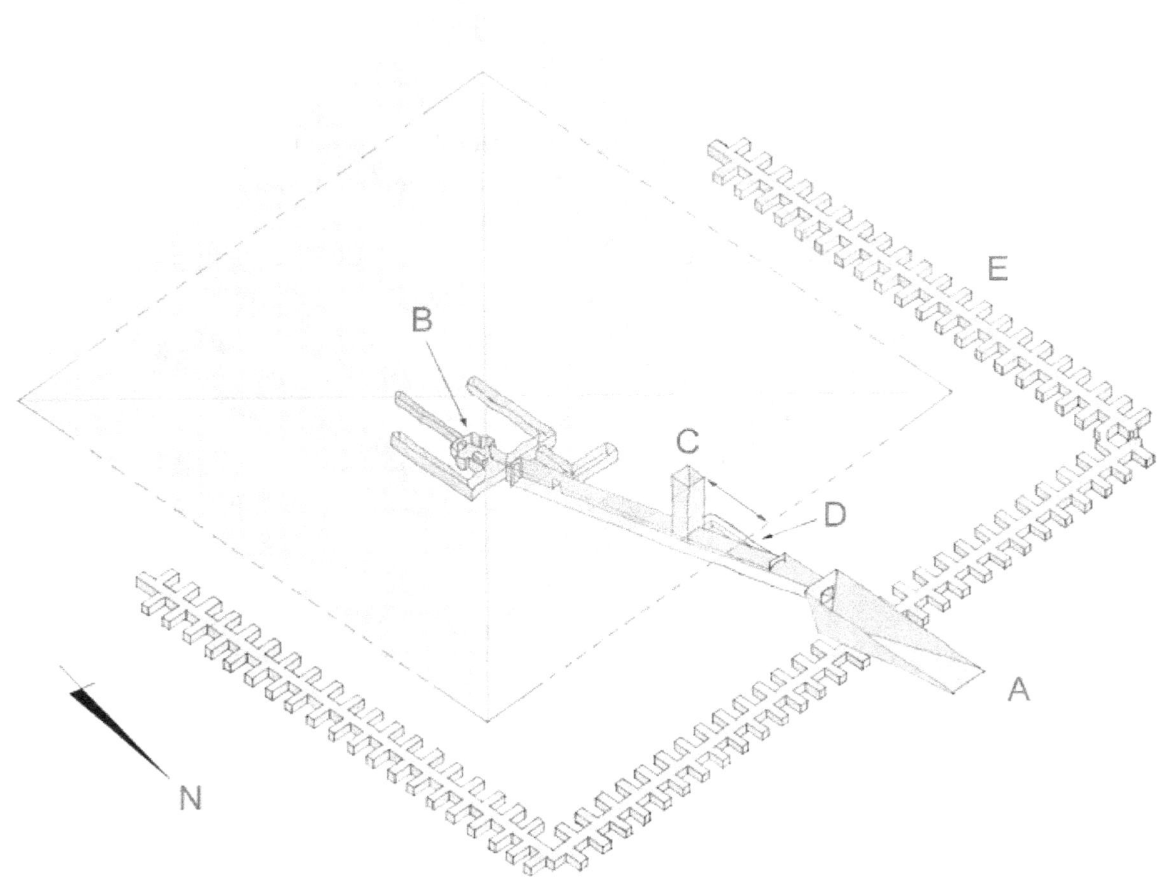

Imagen generada por computadora que representa el diseño previsto
para la pirámide enterrada
Imagen de Franck Monnier

Los faraones de la dinastía IV optaron por construir sus pirámides en otro lugar, más notablemente en Abusir, Guiza y Dashur. La excepción a esto fue el último faraón de esa dinastía, Shepseskaf (2504-2500 a. e. c.), quien no solo eligió regresar a Saqqara, sino construirse una mastaba en estilo antiguo en lugar de una pirámide. Shepseskaf era hijo de Menkaura [Micerinos] (2532-2504 a. e. c.), quien construyó la tercera pirámide de Guiza, y si bien es más pequeña que las de Jufu (Keops) y Kefrén, sigue siendo un gran monumento, lo que hace aún más extraño que su hijo eligiera un lugar de descanso relativamente modesto. Aunque los historiadores han intentado explicar estas decisiones extrañas, nadie ha encontrado una razón para que Shepseskaf le diera la espalda a los campos piramidales de la dinastía IV o para que se construyera una mastaba.

Dicho eso, era una mastaba realmente grande, de 96,6 x 74,4 metros, con una pendiente de 70°. Su hilada más grande era de granito rojo, mientras que el resto del revestimiento era de piedra caliza de alta calidad. La entrada está en el lado norte, con un pasillo en pendiente que conduce a una serie de cámaras, siendo la más occidental la cámara funeraria, que contenía fragmentos del sarcófago. En el lado oriental, un pequeño templo mortuorio tenía una puerta falsa para el espíritu del difunto, una sala de ofrendas, almacenes, y un patio interno y externo. Tanto la mastaba como el templo mortuorio están rodeados por dos muros de ladrillo de barro. La calzada y templo del valle para esta mastaba sobreviven, pero todavía no han sido excavadas.

Aunque Shepseskaf se desvió de la tradición en muchos sentidos, continuó la tradición que se aprecia en Guiza de tener una calzada de piedra que conducía desde la tumba al valle, donde se situaba un templo. Era en ese templo del valle donde atracaba un bote que transportaba el cuerpo y, tras completarse los rituales apropiados, el cuerpo era llevado por la calzada hasta su lugar de descanso final. Saqqara está muy lejos del Nilo para este tipo de arreglo, pero la inundación anual del río dejaba una serie de lagos en los valles bajos cercanos, por lo que las calzadas de la mastaba de Shepseskaf y las posteriores pirámides de Saqqara conducían hacia los templos del valle en las orillas de estos lagos.

No se ha encontrado la tumba de ninguna reina alrededor de la mastaba de Shepseskaf, una omisión inusual para la que no hay explicación. Además, la elección del lugar es interesante porque el faraón eligió ubicar su mastaba en el sur de Saqqara (o Saqqara Sur), donde no había entierros reales anteriores. Siguió siendo la tumba real más meridional de todo el sitio.

Shepseskaf también terminó el templo mortuorio de su padre en Guiza, aunque de una manera bastante descuidada, con ladrillos de barro en vez de piedra. Dado ese hecho, es posible que el gasto extravagante en la dinastía IV había dejado al gobierno sin los fondos, o sin la voluntad, de crear monumentos gigantes.

Eso cambió con la siguiente dinastía, aunque la construcción de pirámides nunca más alcanzaría las alturas que tuvo en Guiza. El primer gobernante de la dinastía V, Userkaf (2498-2491 a. e. c.), continuó la tradición de ser enterrado en Saqqara y construyó una pirámide allí, cerca de la esquina noreste del recinto de Zoser. Al igual que los faraones que le precedieron, buscó reforzar las estructuras de poder existentes y asegurar su memoria al encargar una serie de obras monumentales. Esto incluía un gran complejo funerario que consistía en un templo mortuorio, una capilla de ofrendas y una pirámide de culto. También incluía su propia pirámide, así como una pirámide y templo mortuorio aparte para su esposa, la reina Neferhetepes.

El complejo funerario de Userkaf se construyó aproximadamente en el año 2490 a. e. c., en el emplazamiento de Saqqara. Se construyó directamente al noreste de la pirámide escalonada, que había sido comisionada muchos siglos atrás por el faraón Zoser, pero a diferencia de esa pirámide, el estilo de las pirámides ubicadas dentro del complejo siguió el diseño general de sus predecesoras inmediatas. Construidas de piedra revestida con núcleos hechos de escombro, las pirámides estaban situadas en un complejo de mayor tamaño, y su arquitectura y la disposición de su interior fueron diferentes en comparación con las que habían venido inmediatamente antes de ellas. En cierto sentido, la ubicación de Saqqara era tanto nueva como antigua, pues llevó la construcción de pirámides de vuelta al sitio de la pirámide escalonada, un lugar que no se había utilizado para complejos piramidales desde ese entonces.[23]

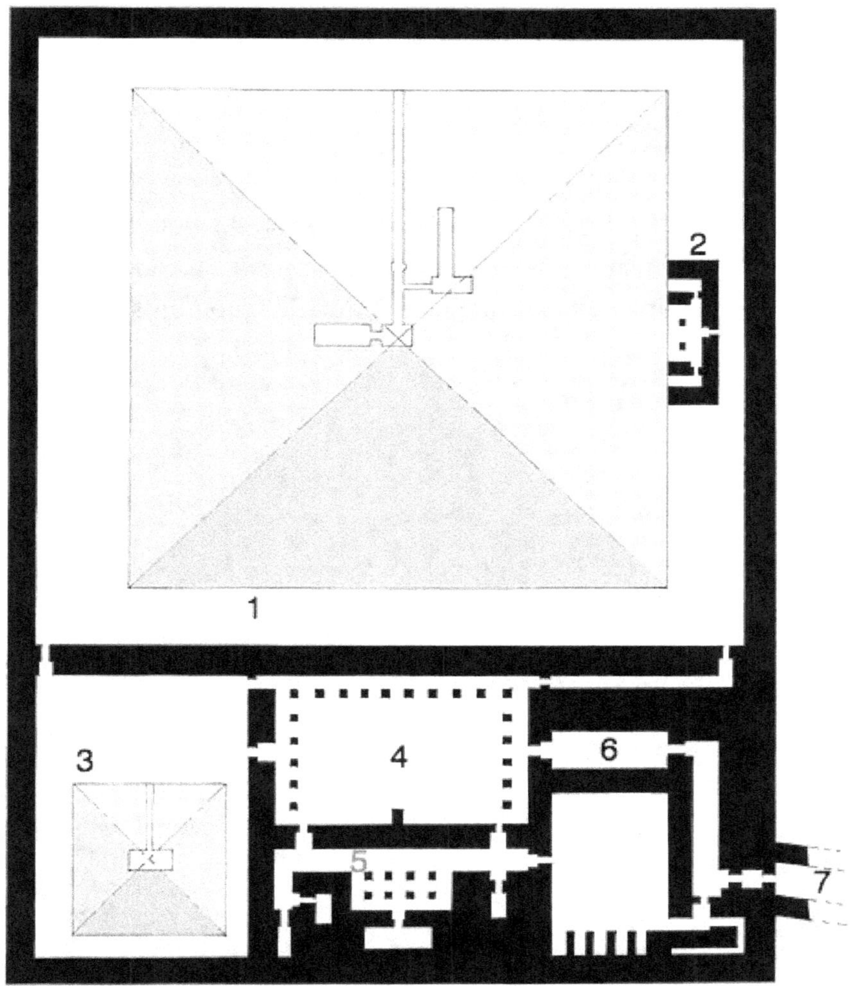

El complejo piramidal: 1) Pirámide principal, 2) Salón de ofrendas, 3) Pirámide de culto, 4) Patio, 5) Capilla, 6) Pasillos de entrada y 7) Calzada.
Imagen por Iry Hor

---

[23] Shaw, Ian (ed). 2000. *The Oxford History of Ancient Egypt* [La historia de Oxford del Antiguo Egipto]. Oxford University Press, Reino Unido. p 480.

La pirámide principal de Userkaf alcanzó una altura de casi 49 metros, con una base de más de 73 metros una vez finalizada. Al igual que la gran pirámide de Guiza, los lados de la pirámide ascendían a un ángulo de 53°, y se utilizaron bloques toscamente tallados de piedra caliza local para construir un núcleo de escombros escalonado para el centro de la pirámide. Un núcleo de escombros significaba menos trabajo durante la fase de construcción, pero a medida que la capa exterior se canibalizó para otros proyectos y la caliza de Tura de alta calidad fue removida, el núcleo interno quedó expuesto al desgaste y la erosión. Por consiguiente, durante el reinado de Ramsés II, unos 1.500 años después de la construcción del complejo funerario de Userkaf, fue sometida a algunos trabajos de restauración. El complejo también se usó durante el periodo saíta como cementerio, en algún momento entre los años 664 y 525 a. e. c.

La continua remoción del exterior de piedra caliza significó que el interior de escombros continuó degradándose con el tiempo, y la pirámide principal de Userkaf quedó finalmente en ruinas. Hoy en día poco queda para marcar su existencia, aparte de una colina cónica en el emplazamiento de Saqqara. La pirámide llegó a ser conocida localmente como El-Haram el-Maharbish ("pila de piedras"), debido a su estado deteriorado. La pirámide de la reina quedó igualmente arruinada por el mismo proceso, que dejó expuesta su cámara funeraria, y a la otrora grandiosa pirámide pareciendo nada más que un montón de escombros.[24]

Ruinas de la pirámide de Neferhetepes

---

[24] Lehner, Mark. 1997. *The Complete Pyramids* [Las pirámides completas]. Thames and Hudson, Eslovenia.

Una variedad de arqueólogos llevaron a cabo excavaciones en el complejo, desde Orazio Marucchi en 1831, hasta John Shae Perring y Richard Lepsius. Se determinó la identidad del faraón que la encargó, cuando se identificó en el depósito arqueológico del sitio una colosal cabeza de Userkaf hecha en granito rojo[25]. A pesar de un gran diseño e intenciones de longevidad, el complejo piramidal de Userkaf es una lección sobre los efectos del tiempo y los estragos causados por los que siguen, con las impresionantes pirámides del pasado finalmente reducidas a escombros y arena.

La dilapidada pirámide de Userkaf con la pirámide escalonada al fondo

Userkaf era un gran patrón del culto al sol, y en el diseño de su área mortuoria cambió la ubicación de su templo mortuorio, del este de la pirámide –donde estaban ubicados usualmente en pirámides previas–, al sur. Algunos egiptólogos teorizan que esto se hizo para que el templo recibiera los rayos del sol durante todo el día. En esta misma línea, los textos religiosos del periodo muestran un mayor énfasis en el culto y adoración del sol, en relación con la honra de un faraón fallecido. Las ofrendas pasaban por un ritual de consagración en un templo del sol antes de ser ofrecidas al difunto faraón en el templo mortuorio.

---

[25] El-Khouly, Alky. 1976. Excavation at the pyramid of Userkaf: preliminary report [Excavación en la pirámide de Userkaf: Informe preliminar]. En: Egyptian Exploration Society. 1978. *The Journal of Egyptian Archaeology*. Volumen 64. pp 35–43.

Otros académicos ofrecen una razón más mundana para la ubicación inusual del templo, al decir que había un foso que rodeaba el complejo de Zoser, y por ende no había espacio para construir el templo mortuorio en el lugar tradicional. El templo como tal, si bien está en mal estado de conservación, debió haber sido grandioso. Allí se encontró una enorme cabeza del faraón hecha de granito, y se calcula que la estatua completa habría medido 5 metros. Los fragmentos de relieves de las paredes son de alta calidad, y muestran botes avanzando por ciénagas de juncos de papiro.

Aunque sobreviven algunos fragmentos de esculturas de este complejo mortuorio, poco más queda, y la pirámide está demasiado arruinada para entrar en ella. El exterior fue removido en algún momento del pasado para usarse en otras construcciones, lo que dejó al núcleo vulnerable a la erosión y el colapso hasta que se convirtió en el bastante modesto montículo que es hoy, pero su proximidad al complejo mortuorio de Zoser, quien fue venerado en la Antigüedad, debió añadir a su brillo.

También a diferencia de las pirámides en Guiza, la pirámide de Userkaf no tiene cámaras internas. En cambio, las cámaras funerarias se tallaron primero en el lecho de roca, se techaron, y la pirámide se construyó encima. La entrada es desde el pavimento en el lado norte de la pirámide, en lugar de en un lado de la pirámide misma como era común en las pirámides de la dinastía anterior. El pasillo de entrada desciende en dirección sur bajo la pirámide durante 18,5 metros.

Dos *portcullises*[26] de granito rojo bloqueaban el pasillo, para mantener alejados a los ladrones de tumbas, aunque, al igual que con las otras pirámides, este esfuerzo fue en vano. Al final del túnel había una pequeña red de salas para el entierro y el ajuar funerario de Userkaf. Poco se encontró, excepto por un pequeño cofre que alguna vez contuvo los canopes –los vasos que contenían los órganos internos del faraón– y fragmentos del sarcófago de basalto.

En la esquina suroeste del complejo mortuorio de Userkaf hay una pequeña pirámide de culto. Esta es una característica común junto a pirámides, y parece que nunca se tuvo la intención de que albergaran un entierro. Para qué eran, es tema de debate. Muchos creen que albergaban el *ka* del faraón, su espíritu o esencia vital. La pirámide de culto alguna vez midió 15 metros de altura, 21 metros de lado, y tenía un ángulo de 53°. Por lo general, la pirámide de culto está al sureste de la pirámide principal, pero en la distribución inusual del complejo mortuorio de Userkaf, está en el suroeste. Se encuentra en mal estado, y poco queda hoy de ella.

Diez metros al sur del complejo de Userkaf, se encuentra un complejo mortuorio más pequeño para su reina, Nefertehepes. Esta pirámide fue despojada tan extensamente de sus piedras externas, que sus cámaras internas quedaron expuestas. No obstante, queda lo suficiente para calcular que alguna vez tuvo unos 17 metros de altura y 26,25 metros en sus lados, con un ángulo

---

[26] Los "porticullis" o rastrillos se llama al sistema de cierre de pasillos de las pirámides mediante bloques de piedra.

de 52°. Hacia el este había un pequeño templo mortuorio, pero está en muy mala condición. No hay evidencia de una pirámide de culto, pero considerando cuánto había sido removido de todo el sitio para construcciones posteriores, quizás desapareció por completo.

Los registros muestran que el príncipe Jaemuaset, uno de los hijos de Ramsés II (1279-1212 a. e. c.), restauró el complejo piramidal de Userkaf, pero para el Tercer Periodo Intermedio se había deteriorado, y los templos se desmantelaron parcialmente. Durante la dinastía XXVI (664-525 a. e. c.), se convirtió en un cementerio. De hecho, una gran tumba de pozo atravesó el templo mortuorio de Userkaf.

La siguiente pirámide en construirse en Saqqara ha sido identificada apenas recientemente. Justo al noreste de la pirámide de Teti (ver más abajo) se encuentra una pirámide cuya piedra fue removida durante años posteriores, a tal extensión que ha sido apodada la "pirámide sin cabeza". Los egiptólogos estaban divididos en cuanto a si se trataba del lugar de descanso del rey de la dinastía V, Menkauhor (2422-2414 a. e. c.), o del posterior rey Merykara (c.2050 a. e. c.), de la dinastía X. Finalmente, en 2008 las excavaciones realizadas por el investigador egipcio Zahi Hawass revelaron una subestructura típica de las pirámides de la dinastía V. No se encontraron inscripciones pero ahora la mayoría de los especialistas cree que la pirámide era de Menkauhor. Ningún otro faraón de la dinastía V tenía una pirámide no identificada, por lo que resulta razonable que la teoría de Hawass sea correcta.

La pirámide mide 52 metros de lado, pero es demasiado fragmentaria para determinar su altura o ángulo original. La subestructura había sido saqueada en la Antigüedad, y se encontró poco más que la tapa rota de un sarcófago. Su nombre antiguo, que conocemos por textos encontrados en otros lugares, era "Los lugares divinos de Menkauhor".

El sucesor de Menkauhor, Dyedkara-Isesi (2414-2375 a. e. c.), construyó una pirámide en un alto espolón en el borde sur de la meseta de Saqqara que ahora es poco más que una pila de escombros que parece una gran duna. Originalmente tenía 52 metros de altura, medía 78,75 metros de lado y tenía una inclinación de 52°. Su nombre antiguo era "Hermoso es Dyedkara Isesi".

La cámara funeraria estaba resguardada por tres grandes bloques a manera de rastrillos (*portcullis*) que bloqueaban el pasillo de entrada, pero los ladrones los sortearon, robaron el ajuar funerario y despojaron la cámara funeraria de sus bloques de revestimiento decorados. El sarcófago de basalto negro fue destrozado. Entre las ruinas se encontró una momia, presumiblemente la del propio faraón. El hombre tenía unos 50 años de edad, lo que indica que Dyedkara-Isesi era todavía un adolescente cuando ascendió al trono.

La pirámide tenía asociados un templo mortuorio, una pirámide de culto, y una pirámide de reina con su propio templo mortuorio y pirámide de culto, todos en mal estado pero que ofrecen hallazgos emocionantes, que incluyen relieves y estatuaria de alta calidad. Una característica interesante son los pilonos que flanquean la entrada al complejo. Esta es una innovación que sería de uso común en construcciones posteriores, más notablemente en templos famosos como los de Karnak.

El complejo mortuorio de la reina se encuentra al noreste del de Dyedkara-Isesi. Desafortunadamente, no hay registro del nombre de la reina allí enterrada. El Templo del Valle asociado no ha sido excavado.

El complejo mortuorio de Dyedkara-Isesi abrió nuevos caminos en Saqqara, pues fue la primera pirámide en ser construida al sur del área principal, a dos kilómetros al sur del complejo mortuorio de Zoser. Dyedkara-Isesi eligió un lugar prominente para ser enterrado, sobre un terreno elevado que en ese momento no tenía monumentos circundantes. Incluso hoy, su pirámide permanece bastante visible y los aldeanos locales la llaman "El centinela".

La pirámide de Dyedkara-Isesi

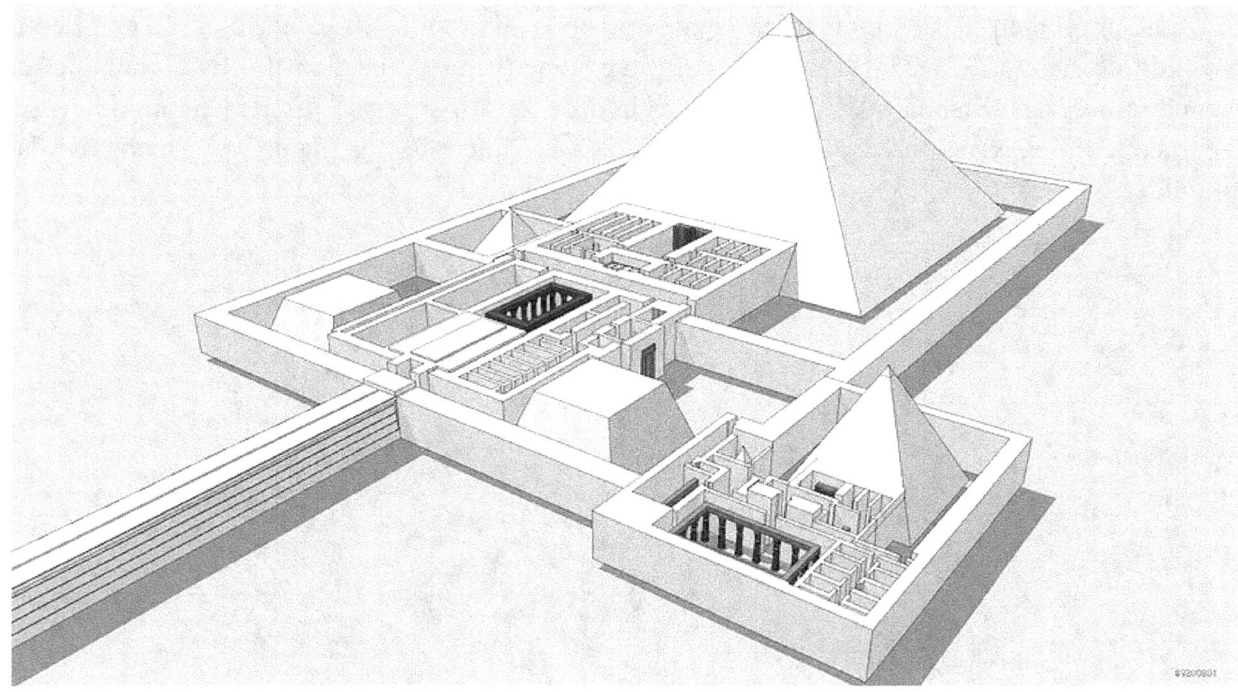

Modelo digital del diseño del complejo

El problema de los robos de tumbas que ya había en ese entonces lo evidencia el diseño de esta estructura piramidal. Incorporaba tres grandes losas de rastrillo como contramedidas a dichos robos[27]. Incluso hay registrada evidencia documental de estos antiguos ladrones, como la de uno que dijo: "Fuimos a robar las tumbas de acuerdo con nuestro hábito normal y encontramos la pirámide del rey Sejemra Shedtauy [Sobekemsaf II, faraón de la dinastía XVII de Egipto]. Tomamos nuestras herramientas de cobre y entramos en esta pirámide a través de su parte más interna. Luego nos abrimos paso entre los escombros y encontramos al faraón acostado en la parte de atrás de su lugar de entierro. La noble momia estaba completamente adornada con oro, y sus ataúdes estaban adornados con oro y plata por dentro y por fuera e incrustados con todo tipo de piedras preciosas"[28]. El castigo para este confesante histórico no está registrado, pero se sabe que los castigos eran severos, e incluían, por ejemplo, la mutilación de nariz y orejas, aunque la pena por el robo de tumbas era, generalmente, la muerte.[29]

Incluso con severas sanciones para quienes eran atrapados, y las contramedidas que el faraón Dyedkara añadió a su cámara funeraria, todo resultó inevitablemente infructuoso. Para cuando los arqueólogos llegaron a examinar la pirámide, su cámara funeraria hacía mucho que ya había sido saqueada.

---

[27] Brown, Dale (ed). 1992. *Egypt: Land of the Pharaohs* [Egipto: Tierra de los faraones]. Time Life Books, Virginia, EE. UU. p 20.

[28] Brown, Dale (ed). 1992. *Egypt: Land of the Pharaohs* [Egipto: Tierra de los faraones]. Time Life Books, Virginia, EE. UU. p 21

[29] Ídem.

El más importante de los muchos monumentos de la dinastía V en el norte de Saqqara es la pirámide de Unis (2375-2345 a. e. c.), el último gobernante de la dinastía. Este complejo se encuentra a corta distancia al suroeste del recinto de Zoser, y fue la primera pirámide en ser decorada con extensas inscripciones jeroglíficas. Se trata de los llamados Textos de las Pirámides.

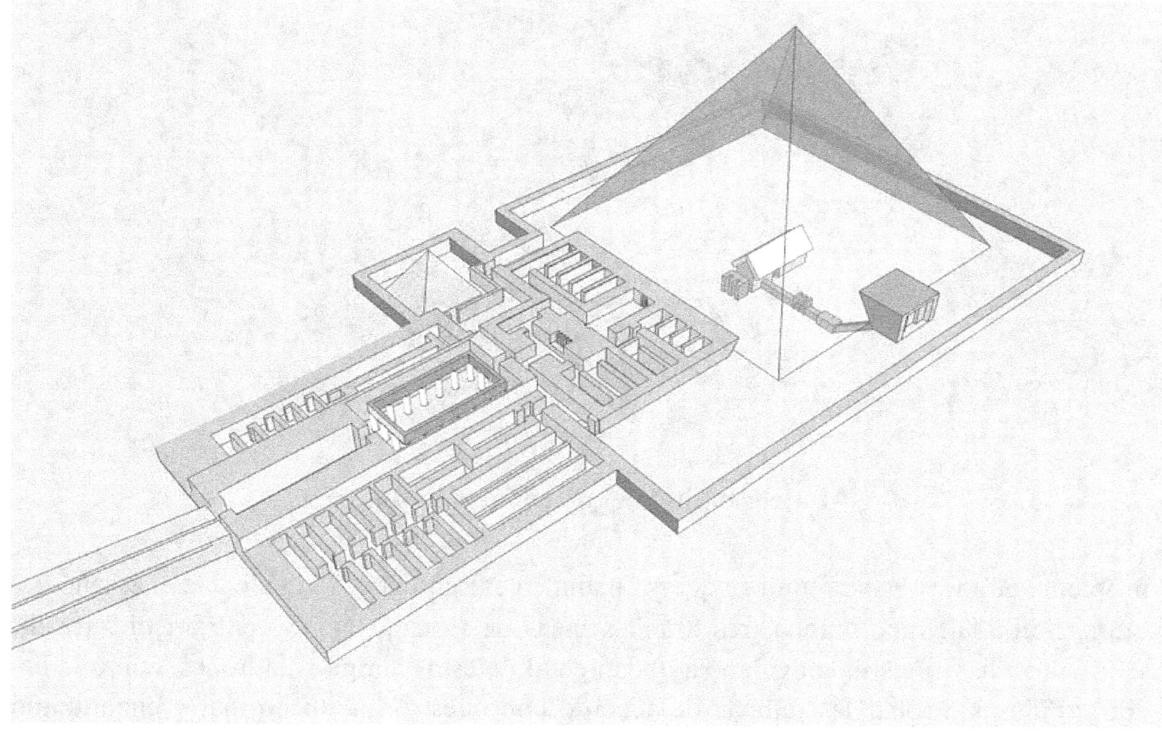

Disposición del complejo
Imagen de R.F. Morgan

Como lo habían hecho los constructores durante muchos años, la cuadrilla de albañiles de Unis tomó materiales de la vecina más cercana: la pirámide escalonada de Zoser. Además, el material de su complejo se utilizó en un nuevo contexto al tapar agujeros y huecos en el *uadi* ubicado inmediatamente adyacente a la calzada de Unis. Irónicamente (y al menos algo apropiadamente), el mismo tipo de saqueo de mampostería también tuvo lugar en la pirámide de Unis, exponiendo el núcleo y provocando su inevitable deterioro.

Hoy en día, la otrora grandiosa pirámide está tan severamente erosionada que luce más como una colina natural que como una estructura piramidal. La cámara funeraria también fue saqueada hace mucho tiempo, pero cuando tuvieron lugar las excavaciones, los arqueólogos encontraron que todavía contenía algunos restos, incluidos un cráneo, un brazo izquierdo y una canilla. Si estas partes de cuerpo pertenecieron o no a Unis, es incierto.[30]

---

[30] Lehner, Mark. 1997. *The Complete Pyramids* [Las pirámides completas]. Thames and Hudson, Eslovenia.

La pirámide de Unis

Textos de las Pirámides en la cámara funeraria de Unis

La pirámide medía originalmente 43 metros de altura y 57,75 metros de lado, con un ángulo de 56°18'35". Su nombre antiguo era "Perfectos son los lugares de Unis". Al igual que las pirámides anteriores de esta dinastía, tenía un núcleo de escombros que quedó expuesto cuando el revestimiento exterior de piedra fue removido. Algunas de las piedras exteriores han sobrevivido *in situ*, y una inscripción en el lado sur dice que la pirámide fue restaurada en la dinastía XIX por Jaemuaset, el Sumo Sacerdote de Menfis e hijo de Ramsés II.

En la cámara funeraria también se encontraban los restos de una momia de sexo masculino, presumiblemente la de Unis, aunque no hay prueba de eso. Las consortes del faraón están enterradas en una serie de mastabas al noreste de la pirámide. El templo mortuorio es casi idéntico en su diseño y disposición al de Dyedkara-Isesi, pues tiene un vestíbulo de entrada y luego un patio con columnas flanqueado por cámaras de depósito. Más allá de esto se encuentra el templo interno, con nichos para estatuas y un santuario. Continuó la innovación de los pilonos, aunque no a escala tan grande como en el templo de Dyedkara-Isesi.

La calzada que conecta la pirámide de Unis con el agua está bien conservada y se ha restaurado parte de ella a su altura original, lo que la convierte en una de las características más interesantes para los visitantes modernos. Está techada, a excepción de una pequeña rendija en el centro para permitir la entrada de luz. Los bajorrelieves vivamente pintados muestran barcos de vela, mercados, escenas de caza, y retratos sombríos de hambruna que aparentemente ocurrió durante el reinado de Unis. El templo de valle tenía un diseño complejo y elegantes columnas de granito con capiteles en forma de hojas de palmera.

Al sur de la calzada hay dos pozos para botes revestidos en piedra, similares a los que están junto a la pirámide de Jufu en Guiza. A diferencia de los ejemplos de Guiza, no se encontraron botes en estos pozos y no está claro si alguna vez se utilizaron o si actuaron meramente como símbolos.

Aunque el exterior de la pirámide es menos que impresionante, tiene uno de los interiores de más importancia arqueológica en todo Egipto. Las paredes de la cámara funeraria están cubiertas con largas inscripciones jeroglíficas verticales. En conjunto, son conocidos como los Textos de las Pirámides, e incluyen 283 hechizos diferentes para ayudar al alma a llegar a la tierra de los muertos. El alma tenía que demostrar su valía y merecimiento, y responder correctamente ante una serie de guardianes monstruosos antes de que su corazón fuera juzgado para ver si el alma era digna de alcanzar el otro mundo.

Aparentemente, algunos de estos hechizos se recitaban en diversos puntos durante la ceremonia de entierro. Esto a su vez llevó a que más adelante se desarrollaran los "Textos de los sarcófagos", en el periodo del Reino Medio, y luego el Libro de los Muertos desde la era del Imperio Nuevo hasta el Periodo Ptolemaico[31]. Esta noción de inscripciones mágicas también jugó un papel mucho más adelante en la historia, a través de la fijación de la cultura popular con la idea de que las momias de los faraones tenían maldiciones. La idea de que ladrones de tumbas y arqueólogos sufrieron este tipo de maldiciones continúa siendo popular.[32]

Unis no tenía un heredero, por lo cual hubo un periodo breve de agitación política antes de la fundación de la dinastía VI. Una vez estabilizada la situación, los faraones continuaron construyendo pirámides en el norte de Saqqara, y continuaron la tradición de los Textos de las Pirámides, usando muchos de los hechizos encontrados en la pirámide de Unis y agregando otros nuevos, hasta que hubo un total de 400 hechizos (si bien ninguna de las pirámides utilizó los 400 hechizos completos).

Las últimas pirámides no fueron tan grandes o grandiosas como sus predecesoras, y en muchos casos no han resistido tan bien los embates del tiempo. La pirámide de Teti, irónicamente llamada "Los lugares de Teti perduran", es una de estas últimas.

El primer gobernante de la dinastía VI, Teti (2345-2333 a. e. c.), provenía de Menfis, y por lo

[31] Lehner, Mark. 1997. *The Complete Pyramids* [Las pirámides completas]. Thames and Hudson, Eslovenia.
[32] Sommers, Stephen. 1999. *The Mummy* [La Momia]. Universal Pictures, EE. UU.

tanto, continuó la tradición de usar Saqqara como el cementerio real. Logró unificar Egipto y agregó a su legitimidad al casarse con una de las hijas de Unis. Su pirámide se encuentra en el borde norte de la meseta de Saqqara y es la pirámide más septentrional en el sitio. Mide 52,5 metros de altura, 78,75 metros de lado, y tiene un ángulo de 53° 7' 48".

Al igual que las anteriores, tenía un núcleo de escombros que ahora yace expuesto, y hace que la pirámide parezca un simple cúmulo sin gloria. Al pasar por la entrada hacia una capilla junto a la cara norte, sin embargo, el visitante puede apreciar una antecámara y cámara funeraria abovedada llena de Textos de Pirámides, un techo cubierto de estrellas talladas y un ataúd de basalto al que le falta la tapa. Parte del ajuar funerario permaneció allí hasta la época moderna, como por ejemplo cabezas de maza de piedra y uno de los canopes de Teti. Más fascinante es la máscara mortuoria del propio Teti, que nos ofrece una mirada única al rostro de un faraón del Reino Antiguo. El ataúd interno de madera también fue encontrado y se encuentra ahora en exhibición en el Museo de El Cairo.

La pirámide de Teti

Inscripciones de texto encontradas en la cámara funeraria

El sarcófago de Teti
Foto de Jon Bodsworth

Del complejo mortuorio al este de la pirámide, poco ha sobrevivido aparte de fragmentos del templo mortuorio hacia el este y una pirámide de culto al sureste con su propia cámara (vacía) debajo. La razón de esto es que en el Periodo Tardío se construyó en el sitio un templo a Anubis, que borró buena parte de la construcción anterior, a excepción de la disposición básica de los cimientos. Tanto la calzada como el templo del valle han desaparecido. Hacia el norte de la pirámide de Teti están las pirámides de sus reinas, Juit e Iput, cuya pirámide todavía contenía su ataúd de cedro y su esqueleto.

El reinado de Teti debió lidiar con nobles poderosos en la capital y en las provincias, y para estabilizar su dominio, casó a una de sus hijas con un noble llamado Mereruka, quien también se convirtió en su *chaty*, o visir. Esta mastaba es la más grande de las tumbas no reales en el sitio, con 32 cámaras. Es una de las mejor preservadas en todo Egipto y tiene una decoración interior impresionante, con extensos bajorrelieves que han conservado mucho de su color original. Hay escenas de caza, pesca, juegos de mesa, y representaciones estándar de sirvientes trayendo ofrendas al difunto. Las representaciones de escenas de la naturaleza están especialmente bien hechas. Una de ellas muestra a una hipopótamo dando a luz, solo para que el bebé emerja de su madre directo a las fauces de un cocodrilo que espera. La puerta falsa en la sala de ofrendas por donde pasa el *ka* para recibir las ofrendas está decorada con una estatua pintada de Mereruka, tallada casi en redondo. La esposa de Mereruka y su hijo también estaban enterrados en la mastaba.

El sucesor de Teti, Pepi I (2332-2283 a. e. c.), también tenía un extenso complejo mortuorio en Saqqara, esta vez en la parte sur del sitio. La pirámide, otra estructura con relleno de escombros que se ha arruinado ahora que fue despojada de su revestimiento, alguna vez midió 52,5 metros de altura y 78,75 metros de lado, con un ángulos de 53° 7' 48", precisamente el mismo ángulo que la pirámide de Teti. Hoy en día el montículo solo tiene 12 metros de altura y tiene un cuenco excavado en el centro por ladrones de tumbas. Su nombre antiguo era "El esplendor de Pepi es duradero", o "Estable es la Belleza de Pepi", que en egipcio antiguo sería *Men-nefer-Pepi*. Este nombre luego fue corrompido por los escritores clásicos y aplicado a la ciudad, razón por la cual ahora se conoce como *Menfis*.

A las cámaras interiores se accede por una entrada al norte. Contenían porciones de los Textos de las Pirámides, al igual que algunas de las cinco pirámides de las reinas de Pepi I ubicadas al sur de la pirámide principal.

La cámara funeraria de Pepi I conservó secciones de los Textos de las Pirámides, y su techo está cubierto de estrellas talladas. El sarcófago destrozado del faraón permanece en el interior, inscripto con una línea de los Textos de las Pirámides. Los investigadores también han encontrado un cofre de granito rosado para los vasos canopes en un nicho instalado en el piso, con los cuatro vasos canopes que contienen los órganos del faraón.

La pirámide de Pepi I tenía un gran complejo mortuorio hacia el este, dispuesto en el diseño típico de sus predecesores. Sus bloques de piedra caliza han desaparecido casi del todo, pero la planta es lo suficientemente clara. Se descubrieron algunas estatuas de prisioneros atados, pero no está claro en qué parte del templo se encontraban originalmente.

Parte de la calzada ha sobrevivido, conectándola a un templo del valle que no ha sido excavado. Muchos templos del valle se han perdido debido al movimiento del río y a siglos de actividad agrícola. Al sureste de la pirámide había una pirámide de culto, con una rampa en la cara norte que descendía hasta una cámara debajo.

Pepi I reinó durante 50 años y construyó extensamente en todo Egipto. Su sucesor, Merenra I (2283-2278 a. e. c.), duró tan solo cinco años en el trono y no tuvo tiempo de dejar mucha impronta en la historia. No obstante, había servido como corregente durante varios años en la vejez de su padre. Ambos hombres se expandieron a Nubia y enviaron extensas expediciones comerciales al extranjero.

La pirámide de Merenra I en el sur de Saqqara tiene exactamente las mismas dimensiones que la de Pepi I, dimensiones que se convertirían en estándar. Esta pirámide era conocida en la Antigüedad como "La belleza de Merenra resplandece" o "La perfección de Merenra aparece". El interior tenía una disposición estándar, centrada desde el norte y con el pasillo de acceso protegido por tres pesados rastrillos de piedra.

El sarcófago de basalto negro en la cámara funeraria está prácticamente intacto, aunque se halló abierto. Adentro se encontró la momia de un hombre adulto, y durante algún tiempo se supuso que era del propio Merenra, pero ahora se cree generalmente que es de un individuo de la dinastía XVIII. Tales entierros intrusivos eran una práctica común en la Antigüedad, y por lo general ocurría muchos siglos después del enterramiento inicial, cuando a las autoridades les preocupaba menos la santidad del ocupante original de la tumba. Al igual que en la cámara funeraria de Pepi I, había un nicho en el piso para el cofre canopo, pero no se encontró ninguno. Pasajes de los Textos de las Pirámides cubrían las paredes interiores de la pirámide, y los hechizos y distribución de estos escritos eran muy similares a los de la pirámide de Pepi.

El templo mortuorio parece nunca haber sido completado, quizás debido al breve reinado del faraón. Este triste destino con frecuencia le sucedía a los faraones que morían repentinamente o eran impopulares con sus sucesores. Los complejos piramidales eran tan costosos que el faraón reinante a menudo contaba con pocos recursos con los que honrar a su predecesor.

El siguiente gobernante fue Pepi II (c. 2278-2184 a. e. c.), quien tuvo el reinado más largo de cualquier faraón. Al parecer, tenía solo seis años de edad cuando subió al trono, y vivió hasta una edad muy avanzada. Su complejo mortuorio se erigió en el punto más meridional de Saqqara, cerca de la mastaba de Shepseskaf. La pirámide tiene dimensiones idénticas a sus predecesoras, y su nombre antiguo es "Pepi está establecido y vivo". El arreglo interior sigue patrones familiares, y el sarcófago de granito negro aún sigue adentro. El complejo mortuorio está dispuesto de manera estándar, con un templo mortuorio al este, una pirámide de culto al sureste, y tres pirámides de reinas al sur y suroeste. Inusualmente, el templo del valle también ha sobrevivido.

Fragmentos de la decoración del templo mortuorio muestran a Pepi II derrotando a los enemigos de Egipto, algunos de ellos en forma animal. Uno muestra al rey matando a un jefe libio delante de su familia, y otra escena grande muestra a más de cien dioses y diosas y 45 funcionarios saludando al rey. También hay una representación de Pepi II realizando el Heb Sed. Uno de los nichos todavía contenía una estatua del rey de tamaño natural, el único ejemplo que se encuentra *in situ* en uno de estos nichos.

Tres de las reinas de Pepi II tienen pirámides. Udjebten está enterrada al sur del complejo mortuorio del rey, mientras que Iput II y Neit están enterradas al noroeste. Una cuarta reina, Anjesenpepi, tiene una tumba entre las pirámides de Iput II y Neit, pero no una pirámide propia, lo que sugiere que, por alguna razón, se la consideraba de rango inferior.

De las tres pirámides, la de Neit es la de mayor calidad. Una inscripción en su complejo mortuorio muestra que era hija de Pepi I y media hermana de Pepi II, habiendo tenido una madre diferente. Los matrimonios entre hermano y hermana no eran infrecuentes en la realeza egipcia. Las cámaras interiores tienen porciones de los Textos de las Pirámides en las paredes, lo que la hace la primera reina en recibir tal honor.

La calzada que conduce desde el complejo mortuorio de Pepi II se extiende 400 metros hasta un lago, ahora seco. Retiene parte de su decoración original y muestra al faraón con apariencia de esfinge o grifo derrotando a sus enemigos. También hay escenas de personas trayéndole ofrendas al difunto rey, un motivo estándar. El templo del valle tiene escenas de Pepi II cazando en un pantano, derrotando a sus enemigos, y siendo recibido por varios dioses. La disposición es típica de estas estructuras, con una larga fachada sobre el agua que lleva a una sala delantera columnada y algunos cuartos pequeños más allá.

El Reino Medio

El reinado de Pepi II, aunque duradero, no fue uno bueno, y hubo un creciente cambio del poder desde la capital en Menfis hacia las provincias. Los gobernadores locales, llamados nomarcas (en honor a las provincias, o *nomos*, que gobernaban) se construyeron elaboradas tumbas en sus áreas, y cuando Pepi II murió, estos nomarcas comenzaron a llamarse a sí mismos reyes menores. La dinastía VI terminó en unos pocos años, al igual que el gobierno central, dando paso a una época caótica conocida como el Primer Periodo Intermedio (2181-2040 a. e. c.).

Durante ese tiempo, pueblos asiáticos invadieron el Delta del Nilo desde el este, y los gobernantes de Menfis tenían poco poder más allá de un día de marcha desde la ciudad, por lo que el resto de Egipto se convirtió en un mosaico de estados en guerra cuyas fronteras estaban en constante flujo. Hay poca evidencia de actividad en Saqqara durante esta época turbulenta; es, de hecho, un punto bajo para la construcción a lo largo de todo el Nilo.

La única pirámide construida en Saqqara en el Primer Periodo Intermedio fue durante la dinastía VIII, para el faraón Kakaura Ibi (c. 2162-2161? a. e. c.). Aunque se desconocen sus fechas exactas, el Canon Real de Turín registra que su reinado duró solo 2 años, 1 mes y 1 día. Tuvo su base en Menfis y probablemente no tenía control sobre todo el país. Su pirámide en el sur de Saqqara fue quizás un intento de demostrar su valía.

El tiempo no ha sido amable con esta pirámide, por lo que solamente puede ofrecerse un estimado de sus dimensiones. Probablemente medía unos 21 metros de altura y 31,5 metros de lado. Tal vez tenía un ángulo de 53° 7'. La mayor parte de los bloques de caliza usados para el interior fueron robados, pero algunos de los pocos bloques sobrevivientes incluyen una críptica inscripción en tinta roja que menciona a un "jefe de los libios". También parece que el revestimiento exterior nunca se completó. Extrañamente, no está orientada según las direcciones cardinales como las pirámides anteriores, sino más bien en un eje noroeste-sureste. Se desconoce el nombre antiguo para esta pirámide.

A pesar del daño, el interior todavía está relativamente intacto. Un corredor desciende desde la cara noroeste por un gran rastrillo de granito hasta la cámara funeraria. Tanto el pasillo como la cámara están inscriptos con Textos de las Pirámides, el último ejemplo conocido de este tipo de escritura funeraria. El techo de la cámara es plano en lugar de abovedado, y tallado con un cielo estrellado.

Mientras que la pirámide se encuentra en un estado ruinoso, el templo mortuorio en su cara noreste lo está aún más. Fue construido con ladrillos de barro, no piedra, y ha desaparecido casi completamente, no hay evidencia de una calzada o templo del valle. Si se considera cuán fragmentario es el templo, si estos otros elementos también se construyeron de ladrillo de barro, podrían en efecto haber existido pero haber desaparecido por completo desde entonces.

Los poderosos gobernantes de la dinastía IX, que gobernaron desde Tebas, restauraron el orden durante el Reino Medio (2040-1782 a. e. c.), y dado que Menfis perdió su condición de capital, Saqqara vio poca construcción, pues el foco de los proyectos de construcción se movió a otros lugares. Solo se han encontrado unas pocas tumbas privadas en Saqqara que datan de este periodo, y ninguna de ellas es de miembros de la realeza.

Así como el Reino Medio inició en una era de caos, terminó con caos, y esa época caótica es conocida como el Segundo Periodo Intermedio (1782-1570 a. e. c.). Una vez más, el gobierno central se debilitó, aunque logró mantener un mínimo de autoridad sobre el Alto y el Bajo Egipto. Los gobernantes locales ganaron más poder, pero el periodo no fue, por mucho, tan problemático como el Primer Periodo Intermedio.

Dos pequeñas pirámides en Saqqara se remontan a esa época. Fueron hechas de ladrillo y revestidas de piedra caliza, pero en su mayoría fueron desvalijadas en la Antigüedad, lo que aceleró su deterioro.

La más interesante de estas, es la pirámide de Jendyer (*Khendjer*), un rey de la dinastía XIII que gobernó durante cuatro años, alrededor de 1747 a. e. c. Curiosamente, Jendyer es un nombre asiático, no egipcio, y no se sabe por qué tenía un nombre extranjero. Su lugar exacto en la cronología de los reyes de la dinastía XIII tampoco está claro; algunos académicos creen que fue el decimoséptimo rey de la dinastía, mientras que otros aseguran que fue el vigesimosegundo. Esto pone de relieve lo poco que se sabe acerca del periodo. Se piensa que gobernó desde Menfis, de ahí su entierro en el sur de Saqqara.

La pirámide de Jendyer llegó a medir 37,35 metros de altura y 52,5 metros de lado, con una inclinación de 55°. Se desconoce el nombre antiguo para esta pirámide, y al igual que muchas en Saqqara, se le quitó su revestimiento exterior. Esto dejó expuesto un núcleo de ladrillo de barro que se ha derrumbado a lo largo de los siglos, por lo que ahora es una de las pirámides más arruinadas, elevándose apenas a la altura de la cintura sobre las arenas que la rodean. Afortunadamente, se descubrió el piramidión, el ápice de piedra de la pirámide, y muestra grabados interesantes del faraón haciendo ofrendas a los dioses. La presencia de Jendyer en el piramidión muestra que la pirámide se terminó de construir durante su vida, lo que la hace la única pirámide completada de esa dinastía. Pocos gobernantes de esta era duraron el tiempo suficiente para siquiera comenzar la construcción de pirámides, mucho menos terminarlas.

Las cámaras interiores de esta pirámide se conservaron porque fueron excavadas por debajo de la base. La entrada es desde el oeste, como es típico de las pirámides de este periodo, ya que esa es la dirección hacia la tierra de los muertos. La entrada está bloqueada por dos imponentes rastrillos de cuarcita, una piedra muy dura. Desde allí parte una compleja red de pasadizos pequeños, y en el centro de la pirámide hay una cámara funeraria de cuarcita. A pesar de la dureza de la piedra, los ladrones lograron entrar a la tumba y saquearla hasta que no quedó ni rastro del tesoro. Tan solo unas pocas inscripciones fragmentarias en las cercanías identificaron esta pirámide como la de Jendyer.

Al igual que muchas pirámides, la de Jendyer tenía tumbas subsidiarias. Una pequeña pirámide en el noreste tenía un núcleo de ladrillo y tres pozos funerarios. En el fondo de cada uno de estos pozos había una cámara funeraria con un sarcófago de cuarcita. Al parecer estaban destinadas para las esposas del faraón, pero parece que nunca se usaron. También había varias tumbas de pozo cercanas que, igualmente, parecían haber sido dejadas vacías. La pirámide principal está rodeada por un muro de caliza, y un segundo muro de ladrillos de barro rodea todo el complejo mortuorio.

El templo mortuorio en la cara este de la pirámide casi ha desaparecido. Parece haber sido grande, pero además de algunos fragmentos de bajorrelieves y columnas, poco queda de él.

En una plataforma en el lado norte de la pirámide se encuentra una inusual capilla, a la que se accede por dos escaleras. Había una puerta falsa para que pasara el espíritu del faraón, pero estaba ubicada en la pared norte de la capilla, en lugar de en la pared sur, más cerca de la pirámide. No se sabe el porqué de este alejamiento de lo convencional. Algunos fragmentos de tallas de esta capilla muestran escenas de ofrendas.

Una pirámide final se inició en el sur de Saqqara, probablemente en la dinastía XIII. Medía 78,75 metros de lado, pero nunca alcanzó su altura máxima. Tenía los inicios de un núcleo de ladrillo de barro y revestimiento de caliza. La subestructura se completó, con una entrada desde el nivel de suelo, un poco al este de la pirámide. Lo más probable es que la entrada estuviera cubierta por el templo mortuorio, pero ese templo nunca se construyó.

Dado que nunca se ha encontrado ninguna inscripción asociada con esta pirámide, se desconoce para quién estaba destinada, y por lo general se la llama "la Pirámide Sur de Saqqara Sur" o la "pirámide inconclusa en el sur de Saqqara". No obstante su nombre, su subestructura se llegó a completar, y es notablemente compleja y extensa, siendo la mas grande de cualquier pirámide para esa dinastía, o la anterior. Una entrada en el lado este conduce a una larga escalera que desciende hasta un nicho donde se encontró una ranura para un *portcullis* o rastrillo, aunque nunca se instaló.

Esto indica que la cámara funeraria nunca se usó, dado que el propósito de los rastrillos era bloquearle el paso a los ladrones de tumbas. El corredor luego se dirige al sur durante un trecho y luego al oeste hasta una sala que atraviesan dos corredores hacia el norte. El primero no tiene salida y probablemente se hizo como un cuarto de almacenamiento. El otro desciende antes de virar al oeste y pasar dos rastrillos más hasta que el pasaje se bifurca hacia el oeste y hacia el norte.

Al oeste está la cámara funeraria. Al igual que otras de esa era, tenía un techo en forma de V invertida, pero este nunca se talló con estrellas. Para albergar el sarcófago se destinó un gran bloque hueco de cuarcita, pero nunca se usó. Hacia el norte hay una cámara funeraria más pequeña que contenía la tapa de un sarcófago y un cuarto rastrillo entre la antecámara y la cámara funeraria abovedada. Por alguna razón, la cámara funeraria se encuentra antes de la antecámara, algo que no se ve en otras pirámides. Aunque se han encontrado grandes secciones del muro de adobe del recinto, no parecen haberse construido otras partes del complejo mortuorio.

El Reino Nuevo y el culto al toro Apis

Después del Segundo Periodo Intermedio, Saqqara experimentó un interés renovado durante el Reino Nuevo (1570-1070 a. e. c), una era gloriosa de la historia egipcia que trajo consigo enormes proyectos de construcción a lo largo del Nilo. Menfis fue de nuevo la capital durante parte de la era del Reino Nuevo, y así, Saqqara fue testigo de más proyectos de construcción en esta época, al menos para la nobleza.

La mayoría de los entierros reales ahora se llevaban a cabo en el Valle de los Reyes y el Valle de las Reinas, cerca de Tebas (Luxor moderno), Nilo arriba. Las pirámides habían pasado de moda, tanto porque actuaban como imanes para los ladrones de tumbas, como por lo costosas que eran. Los faraones prefirieron derrochar fondos en grandes complejos de templos, y excavar sus tumbas en la roca del Valle de los Reyes. Estas tumbas también podían ocultarse mejor de los ladrones pero, a excepción de la tumba de Tutankamón, todos esos esfuerzos fallaron (e incluso la tumba del "rey Tut" fue robada una vez, aunque se salvó casi todo el tesoro).

A pesar de este cambio de atención hacia el sur, en Saqqara continuó habiendo actividad. El culto a Imhotep siguió siendo popular, y muchas figuras importantes del gobierno optaron por ser enterradas en Saqqara. Un grupo de estas tumbas se ubica al sur de la calzada de la pirámide de Unis. Se hicieron en el estilo de "tumbas de templo" popular en esa época. Un pequeño templo en la superficie albergaba la entrada a un pozo vertical que llevaba a la tumba propiamente. Las tumbas varían en tamaño, desde cámaras únicas hasta redes enteras de salas y pasillos conectores. Las paredes estaban revestidas con bloques de caliza tallados que mostraban diversas escenas religiosas e imágenes de la vida cotidiana, pero tristemente, la mayor parte de esto fue arrancada, ya fuera en la Antigüedad para reusarse en otro lugar, o en el siglo XIX para alimentar la demanda insaciable de los coleccionistas.

La más prominente entre ellas es la del general Horemheb, quien gobernó como regente de Tutankamón (1334-1325 a. e. c.) hasta que el muchacho alcanzó la mayoría de edad, y luego gobernó como faraón por derecho propio entre 1321 y 1293 a. e. c. Su tumba en Saqqara no es, técnicamente, una tumba real, lo que sugiere que comenzó a construirse cuando todavía era regente, o quizás incluso antes, durante sus días de militar. Cuando ascendió al trono como el último gobernante de la dinastía XVIII, se construyó una tumba en el Valle de los Reyes, por lo que su tumba de Saqqara albergaba los restos de varios miembros de su familia, incluida quizás su reina, Mutnedymet. La tumba está revestida con bloques de piedra caliza elaboradamente decorados, que muestran escenas militares y religiosas.

Estatua de Horemheb

Junto a la tumba de Horemheb está la tumba de Maya, el tesorero de Tutankamón. En esta también han sobrevivido decoraciones, que incluyen una escena que muestra a Maya y su esposa de pie ante los dioses.

En una ligera elevación con vistas a Saqqara, al suroeste de la pirámide de Teti, hay más de treinta capillas-tumba del Reino Nuevo excavadas en el risco. Estas tenían una función similar a las tumbas-templo más abajo, en cuanto a que tenían un área de templo público que bloqueaba el acceso a la tumba allende. Una de esas tumbas tenía una capilla bien conservada, con decoraciones extensas e incluso porciones de los sarcófagos y restos humanos. Otra era la tumba de la Dama Maia, la nodriza de Tutankamón, que tiene una encantadora escena que muestra al niño sentado en el regazo de Maia.

Al final resultó que estas tumbas habían sido reusadas en el Periodo Tardío para albergar un gran número de gatos momificados, así que los excavadores tuvieron que remover miles de gatos muertos antes de poder examinar las tumbas y sus ocupantes humanos. Algunas de las capillas-tumba habían sido ampliadas y conectadas con corredores para hacer una catacumba para los gatos.

La tumba más impresionante del Reino Nuevo en Saqqara no era para humanos, sino para toros. Llamada *Serapeum*, esta enorme catacumba subterránea se hizo para toros Apis momificados, que eran considerados encarnaciones del dios Ptah. Esta deidad era uno de los dioses principales de Menfis, el dios de los artesanos y arquitectos, que dio forma al mundo entero. El culto de Imhotep consideraba que el famoso arquitecto era hijo de Ptah, y Ptah también era la deidad patrona de la necrópolis de Saqqara.

Estatua de toro Apis encontrada en el Serapeum

Por mucho que el toro Apis fuera venerado por los egipcios, estimaban a su madre casi por igual. Si bien los escritores clásicos escribieron mucho menos acerca de la "Madre del Apis" que del toro Apis, el trabajo arqueológico moderno en la necrópolis de los animales sagrados en Saqqara ha revelado que las vacas madres de los toros también recibían una vida de lujo y buen trato, y luego de sus muertes eran enterradas también. Estrabón menciona en uno de sus relatos que la madre del Apis tenía su propio santuario, pero no se ofrecen otros detalles.

Para obtener más detalles sobre la Madre del Apis, los eruditos modernos se ven obligados a recurrir a la arqueología. La primera referencia egipcia conocida de la Madre del Apis data del año 37 del rey Amosis II (570-526 a. e. c.), de la dinastía XXVI, o alrededor del año 534 a. e. c.[33] Si bien la inscripción indica que la Madre del Apis era un animal sagrado reconocido por la realeza en el siglo VI, el primer entierro conocido se remonta a una parte temprana de la turbulenta dinastía XXIX, o algún momento entre los años 392 y 388 a. e. c.[34]

Al igual que el toro de Apis, la Madre del Apis era momificada y enterrada en una catacumba subterránea, pero sus rituales fúnebres eran mucho menos ostentosos. La madre del toro Apis no era enterrada en el Serapeum con los toros, sino en una sección aparte en la necrópolis de animales sagrados.

El culto al toro Apis jugó un papel en la antigua religión egipcia desde la formación del estado egipcio y la unificación del Alto y Bajo Egipto, pero su popularidad continuó aumentando a lo largo de la historia faraónica. Durante el Reino Nuevo, el culto de Apis alcanzó un estatus más alto cuando se construyó el Serapeum y luego se amplió bajo la atenta mirada de Jaemuaset. Sin embargo, incluso durante el Reino Nuevo el culto a Apis era, principalmente, de patrocinio real únicamente; la gran mayoría de los egipcios poco tenían que ver en las funciones cotidianas del culto. Durante el Periodo Tardío, las cosas comenzaron a cambiar dramáticamente en este sentido.

Los toros Apis vivían en el templo de Ptah hasta su muerte, momento en el que alcanzaban la inmortalidad y pasaban a ser llamados Osiris-Apis, en honor al dios que había resucitado de entre los muertos. El nombre se acortó a Serapis, y de allí el nombre Serapeum. Los toros sagrados eran momificados y enterrados con rituales completos, como si fueran seres humanos importantes.

---

[33] Smith et. al. 2001, 4.
[34] Ídem.

Máscara para un Apis momificado

Aunque el culto de Apis existía en Egipto desde al menos la primera o segunda dinastía, las cámaras funerarias conocidas como el Serapeum no se construyeron sino hasta el Reino Nuevo (ca. 1550-1075 a. e. c.). Lo más probable es que antes del Reino Nuevo se momificara a los toros Apis y se les diera entierros oficiales apropiados para un dios, pero hasta el momento se desconocen las ubicaciones de esos entierros. Los arqueólogos modernos saben que el Serapeum no solo sirvió como cámaras funerarias para los toros durante el Reino Nuevo y el Periodo Tardío, si no que esa estructura subterránea también se convirtió en un punto focal para la popular religión.

Las cámaras más antiguas del Serapeum se construyeron por primera vez durante el reinado de Amenhotep III (ca. 1388-1351 a. e. c.), de la dinastía XVIII, y las obras luego continuaron a lo largo de los treinta años del reinado de Ramsés II (ca. 1279-1213 a. e. c.), de la dinastía XIX (Gomaà 1973, 39). La siguiente fase de construcción fue de las llamadas "cámaras pequeñas", que comenzó durante el vigesimoprimer año del reinado de Ramsés II y continuó en el reinado del rey de la dinastía XXVI, Psamético I (664-610 a. e. c.).

El hijo del faraón Ramsés II, el príncipe Jaemuaset, supervisó la construcción de la enorme catacumba que todavía se puede visitar en la actualidad. Hizo excavar un túnel con grandes cámaras laterales para albergar los sarcófagos de los toros, cada uno con un peso de 70 toneladas aproximadamente. Estos túneles fueron ampliados bajo el reinado de Psamético I, y durante el reinado de Nectanebo I (380-362 a. e. c.), se construyó una larga avenida bordeada de esfinges que conducía a la catacumba.

La fase final en la construcción del Serapeum fue la adición de la "gran cámara", que comenzó Psamético I y posteriormente completaron los Ptolomeos en los últimos siglos del primer milenio antes de la era común (Gomaà 1973, 39).

Como todos los templos mortuorios del Antiguo Egipto, el Serapeum era parte un complejo de templos más amplio. Las pirámides de los reinos Antiguo y Medio eran simplemente cámaras funerarias elaboradas secillamente para los reyes fallecidos, y servían como los puntos focales de complejos de templos más grandes. En el Reino Nuevo, se construyeron grandes templos mortuorios donde se adoraba a los reyes fallecidos, por lo que el Serapeum, al ser parte de un complejo más grande, estaba en consonancia con las tradiciones teológicas egipcias. El templo como tal del toro Apis era parte de un complejo de templos aún más grande dedicado al dios Ptah, el dios de la creación y patrón de Menfis, que es donde tenía su sede el culto a Apis.

La sección del templo de Ptah que estaba dedicada al toro Apis y su culto era conocida como la "*Per User-Hep*" o "Casa de Osiris-Apis". Ubicados por encima del suelo estaban el templo propiamente dicho, las habitaciones del toro y la *wabet* o casa de embalsamamiento (Dimick 1958, 187). La mesa de embalsamamiento intacta en la casa de embalsamamiento se ha fechado en el reinado del faraón de la segunda dinastía, Sheshonq I (943-922 a. e. c.) (Jones y Jones 1982, 51), lo que demuestra que los reyes de Egipto continuaron patrocinando el culto al toro Apis, incluso durante la era de inestabilidad política conocida como el Tercer Periodo Intermedio.

Con base en los reportes de los autores clásicos mencionados anteriormente, y también como resultado de los estudios modernos realizados a momias animales egipcias, se cree que los toros Apis eran momificados esencialmente de la misma manera que los humanos. Debido al tamaño y composición de los toros, se los momificaba de espaldas con sus patas rígidas apuntando al aire, que era la única diferencia notable (Dimick 1958, 188). Se extraían los órganos internos y las vísceras eran colocadas en vasos canopes. El cuerpo era entonces empapado en natrón, envuelto en lino, colocado en un carro y llevado rodando hasta su lugar de descanso eterno en el Serapeum (Wilkinson 2003, 172).

El interior del Serapeum es realmente impresionante. Los túneles tienen 3 metros de ancho y 5 metros de altura, y se extienden a lo largo de casi 1 kilómetro. Las cámaras que albergan los enormes sarcófagos se encuentran a intervalos regulares a cada lado de los pasillos. Muchas de las paredes están toscamente labradas, los trazos de las antiguas picas claramente visibles. Una sección tiene nichos poco profundos que alguna vez contuvieron placas, y algunos nichos más profundos a lo largo de los pasillos habrían contenido lámparas. Los sarcófagos están pulidos a un alto brillo y muchos incluyen inscripciones jeroglíficas y puertas falsas para que pasara el espíritu del toro. Solamente uno todavía contenía su momia de toro.

Cuando los arqueólogos modernos abrieron el Serapeum por primera vez, a finales del siglo XIX, no solo descubrieron los restos momificados de muchos de los toros, sino también 1.000 estelas votivas más o menos intactas (Vandier 1964, 130). Muchas de las estelas recuperadas se encuentran ahora en el Museo Louvre en París, donde han sido estudiadas durante más de cien años por algunos de los principales egiptólogos del mundo. La mayoría de las inscripciones en la estela son de naturaleza formularia y comienzan con una declaración estándar de que el donante "provee para el alma del ka" del Apis (Posener 1936, 41–46). Quizás la información más importante obtenida de las estelas votivas son los orígenes de los donantes. Los nobles figuran entre los donadores, pero junto con ellos hay campesinos, artesanos, mercaderes y soldados (Sadek 1988, 271). El culto de Apis estaba abierto a la participación de todos los egipcios durante el primer milenio a. e. c.

Obviamente, hay demasiadas estelas votivas del Serapeum para siquiera reimprimir parte de su contenido, pero ninguna, en particular, relata en detalle lo que la persona común quería que supiera el toro Apis. La estela en cuestión fue donada por un general llamado Ahmose, quien sirvió en el ejército egipcio bajo el último rey de la dinastía XXVI y bajo los persas de la dinastía XXVII, dado que la pieza data de ese periodo. El texto dice:

> Apis-Osiris, el venerado, quien está cerca del amigo único, el general Ahmose, hijo de Pasabar, nacido de Takapenakhbit. Habló acerca de traer a este dios en paz al Hermoso Oeste después de realizar cada ceremonia en la sala de embalsamamiento, llevándolo en su esplendor de jefe de arqueros, controlador de tropas extranjeras y tropas del ejército de élite hasta llegar a este dios en su lugar en la necrópolis. 'Soy el sirviente que provee para tu ka todos los días, vigilando por la noche, sin dormir, buscando todas tus cosas excelentes, mientras tanto, tu respeto está en el corazón de todos y en los extranjeros de todas las tierras extranjeras que están en Egipto. Lo que es hecho en tu sala de embalsamamiento por mí, además de enviar un mensaje al sur, además al norte inmediatamente y

todos los alcaldes de las ciudades y distritos vendrán además, llevándolo a tu sala de embalsamamiento'. Ahora el profeta de los dioses del templo de Ptah dijo: 'Oh Apis-Osiris, escuchas la adoración de lo que es de tu gloria (por) el general Ahmose. Hizo duelo en tu espalda, se sometió él mismo bajo la plata y el oro del ungüento real y toda piedra preciosa y toda cosa buena. Harás una recompensa como la que él te da al pasar sus años, harás estable su nombre eternamente y se establecerá esta estela en la necrópolis del amado, recordando su nombre para siempre'" (Posener 1936).

Además del nombre y títulos, el texto de la estela votiva de Ahmose es similar a otros recuperados del Serapeum.

Estela dedicada a Apis que data del siglo VII a. e. c.

Junto con las estelas, los egipcios podían donar también otros artículos para ser colocados en las cámaras funerarias, dependiendo, por supuesto, del estatus económico de la persona. Esencialmente, la lógica detrás de la donación de artículos a los fallecidos toros Apis era la misma que si se tratase de una persona fallecida, pues se creía que los bienes donados estarían disponibles en el más allá. Por lo tanto, dado que Ahmose era un oficial de alto rango del ejército, pudo donar artículos más costosos, además de la estela votiva. El egipcio promedio podía participar más activamente en el culto al toro Apis durante el Periodo Tardío, pero la importancia del culto no se perdió ni pasó desapercibida para los gobernantes del periodo.

La visión que los antiguos griegos adoptaron hacia Egipto puede describirse mejor como paternalista. Estaban impresionados con la antigüedad de Egipto, e incluso creían que muchos aspectos de su propia cultura se originaron en Egipto, pero todavía creían que la cultura helénica era superior. Los Ptolomeos, por ejemplo, que fueron los gobernantes griegos de Egipto tras la conquista de Alejandro Magno, creían en la idea de la superioridad cultural griega, a menudo llamada "helenismo", y la promovieron en la nueva ciudad griega de Alejandría. Dicho esto, los gobernantes griegos de Egipto no abandonaron por completo todos los aspectos de la cultura faraónica, lo que incluyó el culto a Apis. Arriano, el historiador griego del siglo I e. c., reportó en su relato de las conquistas de Alejandro (*Anábasis de Alejandro*) que una de las primeras paradas que el legendario general hizo en Egipto fue el templo de Ptah en Menfis.

"Desde Heliópolis cruzó el río hasta Menfis, donde, entre los otros dioses, ofreció un sacrificio especial a Apis, y celebró juegos con competencias atléticas y literarias (…) Continuó alrededor del lago Mareotis y finalmente desembarcó en el lugar donde está ahora Alejandría, la ciudad que lleva su nombre". (Arriano, Anábasis de Alejandro, III, 1–2). Aunque Alejandro reconocía la importancia del culto a Apis para los egipcios, esta visita fue más que todo obligatoria. También muestra que los griegos estaban dispuestos a cambiar y adaptar el culto de Apis para ajustarse a su propios antecedentes culturales.

Miles de años después, el Serapeum siegue siendo un poco misterioso. Solo hay veinticuatro sarcófagos, muy pocos si cada toro Apis era enterrado con honores completos como dicen los textos que lo fueron. ¿Enterró el culto de Ptah solo algunos toros? ¿Rehusaban los sarcófagos? ¿Hay acaso otras catacumbas enormes de toros ocultas todavía bajo la arena, esperando ser descubiertas? Las pocas inscripciones en el Serapeum no esclarecen el tema, pero sí ofrecen algunas ideas interesantes. Cuando el rey persa Cambises II (gobernó Egipto entre 525 y 522 a. e. c.) ocupó Egipto, cometió una serie de ultrajes contra la religión nativa, incluido asesinar a un toro Apis apuñalándolo. Una inscripción en el Serapeum registra orgullosamente el entierro de un toro con toda la ceremonia en 523 a. e. c., lo que demuestra que los egipcios no se dejarían intimidar por el tirano.

El Periodo Tardío y el Periodo Grecorromano

Después del Reino Nuevo, Egipto cayó en otro periodo de agitación llamado el Tercer Periodo Intermedio (1069-525 a. e. c.), seguido de un breve resurgimiento en el Periodo Tardío (525-332 a. e. c.), antes de convertirse en un reino griego y luego en una colonia romana. Saqqara continuó siendo un sitio importante, y fue durante el Periodo Tardío, a menudo pasado por alto, que el sitio adquirió una de sus características más interesantes e inusuales.

En el borde norte del sitio hay una serie de catacumbas llenas con, literalmente, millones de momias de animales. Los dioses y diosas egipcios tenían cada cual su animal sagrado particular, y sus templos a menudo tenían colecciones de estos animales, que eran bien cuidados como manifestaciones vivas de los divino. El sacrificio de uno de estos animales, cuidadosamente momificado y enterrado con ciertos rituales en un lugar santificado, llevaba las plegarias del donante a los dioses. Esta práctica se había mantenido durante siglos, pero fue especialmente popular en el Periodo Tardío en Saqqara y en muchos otros sitios a lo largo de todo el Nilo.

La mayoría de las momias animales en el norte de Saqqara son íbices. Los íbices momificados eran envueltos en lino y cubiertos con una capa de resina antes de ser almacenados en grandes frascos sin decoración ni ahusamiento. Estas vasijas se colocaban en mastabas del Reino Antiguo modificadas, que habían sido desocupadas de sus residentes anteriores y conectadas con túneles para así crear una serie de catacumbas. Se enterraba a las vacas en la parte superior de los pozos verticales y también entre las mastabas como parte de un ritual para santificar el área.

Los íbices eran sagrados para Tot, el dios de la escritura, el aprendizaje y la sabiduría, y es interesante señalar que el endiosado Imhotep también tenía esas características y los dos cultos compartían una relación cercana. Esto ha llevado a algunos egiptólogos a especular que la tumba de Imhotep puede estar en algún lugar cercano.

Otra tumba tenía una fila de nichos, cada uno de los cuales contenía un babuino momificado dentro de un sepulcro de madera. Los babuinos eran un símbolo de algunos dioses, incluidos Babi y Tot, y es probablemente esta última deidad la que estaba siendo honrada allí. Los babuinos eran importaciones exóticas del Sahara, pero los íbices son nativos de Egipto, por lo que no sorprende que los íbices superen por mucho en número a los babuinos.

Conectada a la catacumba de los babuinos está otra para halcones y gavilanes, que eran sagrados para Horus, quien tenía varios aspectos diferentes, como lo era ser el protector del faraón. Cerca, había un gran complejo subterráneo parecido al Serapeum, llamado Madres de Apis. Allí era donde se enterraba a las vacas que daban a luz a los toros Apis. Cada vaca era colocada en un sarcófago de piedra en una gran cámara arqueada, revestida de bloques de caliza.

Los expertos que analizaron las momias de aves revelaron algunas sorpresas. Mientras que desde afuera tenían la forma de un animal entero, muchas de las momias de aves estaban incompletas. Algunas envolturas contenían solo un hueso o pluma del ave, mientras otras tenían un ave de una especie diferente a la representada por la forma de la momia. Por ejemplo, algunas momias de halcones de hecho contenían solo algunas pocas partes de un ibis. Dado que el ibis era un ave mucho más común, ¿era esto evidencia de que los sacerdotes engañaban al público?

Los egiptólogos están divididos en cuanto a esto, y mientras algunos creen que es un signo de trampa, otros aseveran que una parte del animal podría ser sustituto del animal completo, aunque probablemente era una opción más barata para los adoradores más pobres. Esta práctica se ha encontrado en otros sitios también. En un estudio hecho por la Universidad de Manchester, aproximadamente un tercio de una gran muestra de momias de animales no contenía ninguna parte animal.

Hay alguna evidencia textual de se trata de un engaño. Una colección de *óstracos* (fragmentos de cerámica en los que se ha escrito) encontrada en el norte de Saqqara constituye el archivo de un sacerdote llamado Hor, quien escribió alrededor del 172-162 a. e. c. Explica cómo los sacerdotes tenían una regla de que solo un animal debería ir en cada vasija, pero ésta no se había seguido, y a menudo, las vasijas eran llenadas con tantas momias como cupieran, presumiblemente para ahorrar dinero. Por esto, Hor se queja de que los fieles no estaban recibiendo el servicio completo.

Un par de secciones de una de las catacumbas de íbices fueron llenadas con aves que no habían sido metidas en vasijas, y esto puede haber sido un ejemplo más de engaños por parte de los sacerdotes o, quizás, una opción más barata para las plegarias, o tal vez un ritual completo y aceptado en algún momento. A pesar de la abundancia de datos textuales que sobreviven del Antiguo Egipto, todavía hay demasiadas preguntas sin responder acerca de su cultura.

Otro repositorio para momias de animales es la llamada "catacumba de los perros". Esta estructura subterránea cerca del templo de Anubis, el dios con cabeza de chacal de los cementerios y el embalsamamiento, fue descubierta en la década de 1890 por el egiptólogo francés Jacques De Morgan. En 2011, excavaciones adicionales por parte de un equipo británico y egipcio descubrieron un estimado de 8 millones de momias de animales, casi la mitad de aves, pero también una gran cantidad de perros, y algunos gatos y mangostas. Los perros son de varias razas diferentes, y la mayoría de ellos eran recién nacidos. Análisis de los huesos sugieren que los perros habían sido criados especialmente, con el propósito probable de ser sacrificados.

Las excavaciones de estas catacumbas de animales están en curso, y al igual que el Serapeum, no están abiertas al público debido al trabajo continuo y a la naturaleza inestable de muchas de las catacumbas.

Numerosos entierros humanos en Saqqara también datan del Periodo Tardío. Un equipo francés descubrió una importante colección de ellos en 2006 y en los años siguientes en un área al norte de la calzada de Unis. Muchos eran entierros simples en la arena, mientras que otros eran pozos verticales que conducían hasta una o dos cámaras pequeñas. Algunas de estas eran tumbas reutilizadas del Reino Antiguo, pero otras se construyeron en el Periodo Tardío. Los entierros en la arena tienen poco ajuar funerario y están situados entre las tumbas excavadas en la roca. Las superestructuras en estas tumbas variaban. Algunas tenían modestos edificios de piedra o muros circundantes, mientras tres tenían pirámides de adobe, de solo pocos metros de altura. Estas pirámides en miniatura eran populares en el Periodo Tardío y el grecorromano.

Los pozos contenían múltiples entierros, y numerosas cajas de madera con momias, cartonajes de yeso pintado y momias sin caja apiladas ordenadamente llenaban las pequeñas cámaras que partían de los pozos. Un cartonaje, con una inscripción que decía que pertenecía a la dama *Neftis-iyti*, está cubierto en pan de oro. Otros bienes funerarios incluían canastas con ofrendas de alimentos, cerámicas, estatuillas de diversas deidades, y amuletos mágicos. Algunos fragmentos de papiros incluían la escritura demótica egipcia de los siglos V-III a. e. c., y algo de escritura aramea del siglo V a. e. c. Estos hallazgos son especialmente importantes porque es raro encontrarse con tumbas intactas. Hay obras en curso en estas tumbas, y es posible que el sitio aún tenga algunas sorpresas guardadas.

Durante el periodo grecorromano, Saqqara continuó siendo un sitio popular para momias de animales y el culto en general. Una construcción interesante del periodo ptolemaico que sigue en pie en la actualidad es el llamado "círculo de los filósofos", un semicírculo de estatuas que representan a importantes pensadores y poetas griegos, que incluyen a Hesíodo, Homero, Píndaro, Platón y otros. Aunque fragmentarias, estas estatuas griegas, a la vista de la pirámide más antigua de Egipto, indican cuánto tiempo se prolongó la actividad en Saqqara.

De hecho, Saqqara continuó siendo un sitio sagrado mucho después de que desaparecieran las religiones antiguas. En la Alta Edad Media se construyeron varios monasterios coptos, y algunas de estas casas de culto cristianas continuaron operando incluso después de la conquista islámica en 642. Esto hace a Saqqara uno de los sitios sagrados continuamente usados más antiguos del mundo.

Recursos en línea

Otros libros sobre Egipto por Charles River Editors

Otros libros sobre historia antigua por Charles River Editors

Otros libros sobre Saqqara en Amazon

Bibliografía

Baines, John y Jaromír Málek. *Atlas of Ancient Egypt* [Atlas del Antiguo Egipto]. Nueva York, NY: Facts on File, Inc., 1985.

Bárta, Miroslav, Filip Coppens, y Jaromir Krejčí (editores). *Abusir and Saqqara in the Year 2010/1* [Abusir y Saqqara en el año 2020/1]. Praga, República Checa: Instituto Checo de Egiptología, Facultad de Artes, Universidad Charles en Praga, 2011.

Clayton, Peter A. *The Complete Pharaohs: The Reign-by-Reign Record of the Rulers and Dynasties of Ancient Egypt* [Los faraones completos: El registro reino por reino de los gobernantes y dinastías del Antiguo Egipto]. El Cairo, Egipto: The American University in Cairo Press, 2006.

Dodson, Aidan. *After the Pyramids: The Valley of the Kings and Beyond* [Después de las pirámides: el Valle de los Reyes y más allá]. Londres, Reino Unido: The Rubicon Press, 2000.

Dodson, Aidan. "The tombs of Tutankhamun's people: Seeking Saqqara's New Kingdom tombs" [Las tumbas del pueblo de Tutankamón: en busca de las tumbas de Saqqara del Reino Nuevo] en *Current World Archaeology* 36, julio 2009.

Grimal, Nicolas. *A History of Ancient Egypt* [Historia del Antiguo Egipto]. Oxford, Reino Unido: Blackwell Publishers, 1992.

Lehner, Mark. *The Complete Pyramids: Solving the Ancient Mysteries* [Las pirámides completas: resolviendo los misterioso antiguos]. Nueva York, Nueva York: Thames & Hudson, 1997.

Nicolson, Paul T. "Cult, caches, and catacombs: The animal necropolis" [Culto, alijos y catacumbas: la necrópolis de animales] en *Current World Archaeology* 36, julio 2009.

Wilkinson, Richard H. *The Complete Temples of Ancient Egypt* [Los templos completos del Antiguo Egipto]. Nueva York, Nueva York: Thames & Hudson, 2000.

Wilkinson, Richard H. *The Complete Gods and Goddesses of Ancient Egypt* [Los dioses y diosas completos del Antiguo Egipto]. El Cairo, Egipto: The American University in Cairo Press, 2005.

Libros gratuitos por Charles River Editors

Tenemos nuevos títulos disponibles gratuitamente durante casi toda la semana. Para ver cuáles de nuestros títulos se encuentran gratuitos actualmente, haga, clic en este enlace.

Libros en descuento por Charles River Editors

Tenemos títulos con un precio reducido de tan solo 99 centavos cada día. Para ver cuáles de nuestros títulos cuestan 99 centavos actualmente, haga clic en este enlace.